NOEL ROSA

POETA DA VILA, CRONISTA DO BRASIL

LUIZ RICARDO LEITÃO

NOEL ROSA

POETA DA VILA, CRONISTA DO BRASIL

2ª edição

EDITORA EXPRESSÃO POPULAR

São Paulo - 2011

Revisão: *Geraldo Martins de Azevedo Filho e Ricardo Nascimento Barreiros*
Projeto gráfico, diagramação e capa: *ZAP Design.*
Ilustrações: *Gilberto Maringoni*
Fotos: *Arquivo pessoal do autor, Arquivos de Almirante e Jacy Pacheco, reproduções autorizadas de* Noel Rosa: uma biografia
Impressão e acabamento: *Intergraf*

Dados Internacionais de Catalogação-na-Publicação (CIP)

Leitão, Luiz Ricardo
L533n Noel Rosa: poeta da vila, cronista do Brasil / Luiz Ricardo Leitão.--2.ed.--São Paulo : Expressão Popular, 2011.
200 p. : fots.

Indexado em GeoDados - http://www.geodados.uem.br.
ISBN 978-85-7743-127-4

1. Rosa, Noel, 1910-1937. 2. Música popular – Brasil. 3. Músicos – Brasil – Biografia. II. Título.

CDD 784.092
727.80981

Bibliotecária: Eliane M. S. Jovanovich CRB 9/1250

2ª edição: fevereiro de 2011
1º reimpressão: maio de 2015

EDITORA EXPRESSÃO POPULAR
Rua Abolição, 201 – Bela Vista
CEP 01319-010 – São Paulo – SP
Tel: (11) 3522-7516 / 4063-4189 / 3105-9500
editora.expressaopopular.com.br
livraria@expressaopopular.com.br
www.facebook.com/ed.expressaopopular

SUMÁRIO

Estátua de Noel Rosa,
no Largo do Maracanã,
Rio de Janeiro (arquivo do autor)

ALVÍSSARAS

O mundo me condena, e ninguém tem pena
Falando sempre mal do meu nome
Deixando de saber se eu vou morrer de sede
Ou se vou morrer de fome
Mas a filosofia hoje me auxilia
A viver indiferente assim
Nesta prontidão sem fim
Vou fingindo que sou rico
Pra ninguém zombar de mim
Não me incomodo que você me diga
Que a sociedade é minha inimiga
Pois cantando neste mundo
Vivo escravo do meu samba, muito embora vagabundo
Quanto a você da aristocracia
Que tem dinheiro, mas não compra alegria
Há de viver eternamente sendo escrava dessa gente
Que cultiva hipocrisia

(Noel Rosa, "Filosofia")

1

Se acaso estivesse entre nós neste agitado planeta, Noel de Medeiros Rosa completaria, em 11 de dezembro de 2010, cem anos de existência. A data será lembrada com pompa, gáudio e circunstância por todos os amantes do samba e da cultura popular brasileira, seja em sua terra natal, a Província Independente de Vila Isabel, seja em outras plagas musicais desta Brasileia. A Escola de Samba Unidos de Vila Isabel (agremiação que ele sequer viu nascer, mas ajudou a fecundar com sua obra excepcional) elegeu o "Poeta da Vila" seu enredo para o carnaval do centenário – e os foliões do bairro, sob a batuta de sambistas de todas as gerações e do fiel discípulo Martinho, não veem a hora de pisar na Sapucaí para cantar em azul e branco a vida e o legado de seu mestre imortal.

Lidar com figuras emblemáticas da história humana é sempre uma tarefa delicada. Basta evocar o caso de Ernesto *Che* Guevara, cuja aura de determinação e rebeldia, captada pelas lentes do fotógrafo cubano Alberto Korda em 1960, se presta hoje às mais díspares e, por vezes, inusitadas apropriações – desde o ícone cultuado com fervorosa fé por lavradores pobres do interior da Bolívia até a estampa mitológica que tremula nas bandeiras das torcidas de futebol ou (pasmem!) fulgura à frente de uma passeata de jovens neonazistas alemães...[1]

Com Noel, guardadas as devidas proporções, também ocorreu um fenômeno de análoga natureza. Há quem o veja como um símbolo do boêmio inveterado, sempre a flanar por cabarés, bordéis, bares e biroscas; para outros, porém, essa máscara de hedonismo era tão somente o refúgio de um *malandro* tímido, avesso à hipocrisia e apenas fiel à filosofia que o auxiliou a ser indiferente e cético diante da sociedade e da própria espécie humana. Associando-se na música a jovens grupos da classe média e a sambistas humildes dos morros cariocas, sua obra foi vista por uns como uma *estilização* branca do samba popular (equiparável, segundo José Ramos Tinhorão, à aparição da *bossa-nova*

---

[1] Para uma ampla revisão das múltiplas e surpreendentes (re)leituras do mito Che Guevara, quatro décadas depois de sua queda na selva boliviana, ver o documentário *Personal Che*, de Douglas Duarte e Adriana Marino, coprodução colombiana, estadunidense e brasileira de 2007.

na zona Sul do Rio de Janeiro ao final dos anos de 1950), enquanto outros a julgam uma perfeita expressão do sincretismo cultural que surge do contato entre o *morro* e a *cidade* na primeira metade do século 20.

Assim como ocorre na apreciação de um texto literário, as interpretações de um signo dependem não só do significante, mas, sobretudo, de quem dele se apropria, tanto quanto da época e do contexto em que isso ocorre. Ali no Largo do Maracanã, por exemplo, próximo à Uerj, divisa do bairro de Noel (uma área na qual, por influência direta da Universidade, os bares – e não as livrarias... – encontram seu porto seguro e prosperam à mancheia), há uma simpática estátua do artista, em que este aparece sentado junto a uma mesa de bar, servido por um elegante garçom, numa ilustração do clássico "Conversa de Botequim" ("Seu garçom faça o favor de me trazer depressa/ Uma boa média que não seja requentada/ Um pão bem quente com manteiga à beça/ Um guardanapo e um copo d'água bem gelada").

A escultura segue uma saudável tendência da arte urbana contemporânea, que, em lugar dos solenes bustos do passado, prefere homenagear os grandes nomes das letras e da música popular com obras mais informais e despojadas, como o imortal Cartola com seu violão próximo à quadra da Mangueira ou aquele Drummond sentado serenamente em um banco do calçadão de Copacabana – onde, aliás, também se avista a figura bonachona do compositor Dorival Caymmi, que tão bem cantou o mar e as praias destes trópicos.[2] O curioso no caso de Noel é que, conforme me observou um

[2] O fenômeno, diga-se de passagem, não é prerrogativa única do Rio de Janeiro ou do Brasil. Cito, a título de ilustração, a sugestiva estátua de John Lennon em Havana (Cuba), que, lembrando o nosso Drummond, também está sentado de pernas cruzadas em um banco de praça da cidade.

confrade vila-isabelense, em vez da "boa média", do "pão bem quente com manteiga à beça" e do "copo d'água", aparecem sobre a mesa, além de isqueiro e cigarros, um copo e uma garrafa de cerveja, que, não por acaso, anunciam nossa entrada no festivo bairro da zona Norte do Rio de Janeiro. Como se vê, o escultor, valendo-se da suposta "liberdade" de que goza, não hesitou em alterar a cena a fim de realçar, sem demérito dos demais dotes do artista, essa faceta deveras 'etílica' do personagem mais ilustre da Vila (e que os donos dos inúmeros bares locais, por razões afetivas e/ou comerciais, tratam de cultivar com razoável zelo).

Sem ignorar as injunções mercantis desta era pós-moderna do capitalismo transnacional, típica de uma sociedade de consumo hipertrofiada, interessa-nos neste pequeno ensaio ir além das imagens mais prosaicas ou estereotipadas do *malandro* ou do *boêmio,* a fim de avaliar, com um mínimo de acuidade, o papel desse *poeta-cronista* na cultura e na arte popular de seu país. Não há momento mais oportuno para evocar a figura luminosa de *Noel Rosa* e escrever sobre a sua obra do que nesta década cínica e turbulenta com que se inaugura o século 21, em que o espectro de mais uma crise vaga pelo mundo globalizado. Em tempos assim tão bicudos, é sempre alvissareiro trazer de volta ao coração – ou, literalmente, *re*-cord-*ar,* como nos ensina a proverbial etimologia – as letras e melodias com que o compositor, verdadeiro cronista de nosso país, esconjurou a hipocrisia e escarneceu da elite, "que tem dinheiro, mas não compra alegria"...

2

Condensar em algumas dezenas de laudas a contribuição desse autêntico *bamba* na periferia da modernidade constitui desafio praticamente insuperável para qualquer autor. A vida singular do músico e a amplitude de tópicos e formas que sua obra comporta nos obrigaram a estruturar este ensaio em duas partes – uma dedicada ao *Poeta da Vila* e outra ao *Cronista do Brasil* –, ambas subdivididas em duas seções específicas.

O "capítulo 1" trata de sumariar a efêmera e atribulada existência do compositor, desde o seu complicado parto até a morte precoce aos 27 anos incompletos. Nesse curto espaço de tempo, ele padece incômodas agruras domésticas e graves problemas de saúde, mas também desata um fio prodigioso de paixões e aventuras amorosas, com as quais compõe um novelo inesgotável de canções. Para recontar esses episódios, assim como registrar as amizades de Noel no mundo musical e analisar, no limiar da *era do rádio*, as relações bastante amadoras do artista com seu meio profissional, nós nos valemos das preciosas observações e depoimentos recolhidos por seus principais pesquisadores. De todas as obras consultadas, três são dignas de nota: *No tempo de Noel Rosa*, de Almirante; *Noel Rosa e sua época*, de Jacy Pacheco; e *Noel Rosa: uma biografia*, de Carlos Didier e João Máximo. Estes últimos, sem dúvida, são os mais exaustivos e criteriosos de todos os seus biógrafos, ao passo que os dois primeiros, contemporâneos do artista (Jacy era seu primo e Almirante, o parceiro e companheiro do *Bando de Tangarás*), pecam, obviamente, pela parcialidade ou idealização de alguns aspectos relativos à vida e à obra do Poeta da Vila.

O "capítulo 2" preocupa-se em situar Noel na peculiar sociocartografia musical do Rio de Janeiro, em pleno período de transição da *Belle Époque* para o Brasil da era Vargas. A prodigalidade musical da sua Vila Isabel é aqui associada à diversidade humana do bairro, que não logra elidir os conflitos sociais daquela época, nem tampouco equacionar a tensa coexistência dos elementos urbanos e agrários no imaginário coletivo popular. Além dos atalhos entre o *morro* e a *cidade*, acompanharemos Noel pelos trilhos urbanos, em sua inequívoca atração pela margem e pelos marginalizados. O *malandro* mirrado da Vila era, de fato, um admirador confesso dos heróis e anti-heróis que povoam a capital federal nos anos de 1930, sem talvez imaginar que aqueles mulatos *bambas* mais tarde iriam aposentar a navalha, para constituir família, trabalhar e até chacoalhar num trem da Central. Como cantou Chico Buarque, herdeiro legítimo do Poeta, a velha malandragem da Lapa, Estácio, Praça Onze e arredores cederá vez ao *malandro oficial*, descendente direto de Leonardo, Brás Cubas e Macunaíma, que nasceu no Palácio do Catete e hoje circula pelos gabinetes de Brasília, com direito a retrato – de terno e colarinho branco – na coluna social.

A "Parte 1", enfim, nos dá conta de um artista plural, cujas composições, conforme já pôde escrever um crítico, assumem dimensão moderna e inovadora, que se contrapõe de forma originalíssima aos temas recorrentes dos velhos *malandros* do samba, mais afeitos às "doces vantagens do ócio" e à "eterna dor de cotovelo". O amplo painel criado pelo *Poeta da Vila* retrata a *angústia da metafísica amorosa*, as *contradições sociais* de sua época e a crônica dos *tipos populares*, prenunciando em "melodias de grande rebuscamento" motivos que só posteriormente seriam abordados por outros compositores da chamada Música Popular Brasileira.[3]

---

[3] TINHORÃO, José Ramos. "A importância de ser Noel". In: *Noel Rosa*. Coleção Nova História da Música Popular Brasileira. 2ª ed. São Paulo: Abril Cultural, 1976.

Graças a esse caráter pioneiro de sua obra, será possível ainda inscrevê-la nesta curiosa rubrica a que o jargão acadêmico-universitário dos anos de 1960-1970 decidiu conferir a sigla de *MPB*. A ambiguidade do termo é patente: ele não se refere a toda e qualquer manifestação da nossa música popular, mas à música urbana "produzida e consumida prioritariamente pela classe média intelectualizada".[4] É, portanto, uma "seção especial" do amplo universo contemplado pela canção popular no país, uma espécie de "funil retroativo" mediante o qual é possível tecer uma peculiar conexão entre os menestréis dos anos de chumbo e os *bambas* da primeira metade do século passado – cuja linha mais sugestiva parece ser aquela larga ponte a estreitar Noel Rosa e Chico Buarque de Holanda.

Já na "Parte 2", buscou-se associar a criação de Noel a uma vasta linhagem de poetas e prosadores que se ocuparam, com sua arte, de desvendar as máscaras sociais e espaciais que travestem a história do nosso país. O leitor, sempre compreensivo, há de desculpar decerto este dublê de escritor e acadêmico pelas constantes associações tecidas entre os "cronistas de Bruzundanga" e os *bambas* da nossa música popular. Afinal de contas, não posso negar que as pesquisas de mestrado e doutorado que realizei no Brasil, na Argentina e em Cuba acerca de algumas experiências periféricas – vale dizer, latino-americanas – de modernidade influenciaram em muito minhas leituras sobre o *poeta-cronista* e sua era.

[4] Ver, a respeito, MOBY, Alberto. *Sinal fechado: a música popular brasileira sob censura*. Rio de Janeiro: Obra Aberta, 1994. Segundo o autor, a MPB é uma construção política ou, talvez, uma tradição que se inventa no processo de resistência à ditadura militar, a fim de demarcar um campo próprio do cancioneiro em que o espírito crítico logra sobreviver à censura e à sanha do arbítrio.

Será assim que, no "capítulo 3", de volta à Bahia Colonial do século 17, revisitaremos a poesia genial de Gregório de Matos Guerra, a quem os pares sabiamente apelidaram de *O Boca do Inferno,* cujas afinidades com o compositor carioca certamente vão bem mais além do que supõe a nossa vã filosofia. Sem nenhuma nostalgia, nem a ingênua pretensão de reviver uma *idade dourada* que jamais se cultivou na literatura nacional, evocaremos a gênese da *malandragem* tupiniquim nas páginas memoráveis de *Memórias de um sargento de milícias,* de Manuel Antônio de Almeida, preâmbulo bem-humorado da desfaçatez congênita de Brás Cubas, a personagem magistral com a qual, ao final do século 19, Machado de Assis mimetizou a contradição estrutural das elites nacionais. De quebra, estabeleceremos um curioso paralelo entre Noel Rosa e Lima Barreto, dois dos cronistas mais lúcidos e incisivos que abrigou a primeira metade do século 20.

O "capítulo 4" recapitula os temas mais recorrentes do *Cronista do Brasil,* a começar pelo sugestivo mote do *Brasil de tanga,* com o qual se revela ao leitor o agudo senso de crítica social do Poeta da Vila, muitas vezes subestimado pelos meios de comunicação, que, em geral, preferem destacar as canções de tom mais emotivo ("Feitio de Oração", "Três Apitos", "Último Desejo") ou de acentuada "cor local" ("Conversa de Botequim", "Feitiço da Vila", "Palpite Infeliz"). Conforme observaram com argúcia Carlos Didier e João Máximo (enunciando com maior sutileza uma opinião que Jacy Pacheco, em tom mais panfletário, já esposara em seu livro), sob a aparente inocência dos versos de "Com Que Roupa?" ("Eu hoje estou pulando como sapo / Pra ver se escapo desta praga de urubu / Já estou coberto de farrapo / Eu vou acabar ficando nu"), existe uma metáfora contundente da sociedade brasileira, que o poeta-cronista Noel, atento à sua época e realidade, explora de forma bastante explícita em canções como "Onde Está a Honestidade" e "Quem Dá Mais?". Sem bravatas e sem alarde, ele semeava entre nós, com grãos de humor e poesia, a cristalina convicção de que por trás das estrepitosas "revoluções" da década se impunha a sábia máxima do italiano Tomasi di Lampedusa, autor de *O Leopardo*, segundo o qual "é preciso mudar para não mudar"...

O texto encerra-se com um curto "Apêndice", composto por uma pequena "Bibliografia comentada" dos títulos que subsidiaram este trabalho e de outras referências capitais para os estudiosos de Noel Rosa e da MPB, além de uma "Discografia básica" do artista, que, em sua breve carreira musical, sozinho ou ao lado de distintos parceiros, logrou compor cerca de 300 canções, muitas das quais se converteram em clássicos eternos da música popular brasileira. E mais não caberia dizer, em respeito ao próprio samba-testamento que ele nos escreveu em vida: "Não tenho herdeiros, não possuo um só vintém / Eu vivi devendo a todos, mas não paguei a ninguém / Meus inimigos que hoje falam mal de mim / Vão dizer que nunca viram uma pessoa tão boa assim".[5]

Silenciem, pois, os amigos e admiradores do Poeta da Vila. Do contrário, recairá sobre os incautos a mesma desfaçatez daquele *Brás Cubas* que não teve filhos, não transmitiu a ninguém "o legado da nossa miséria" e, em seu próprio enterro, ainda escarneceu do fiel de engenhosa ideia que discursava à beira da cova. E nunca se esqueçam

5 "Fita Amarela", de Noel Rosa. Samba de 1932, gravado em 1933 por Francisco Alves e Mário Reis.

de que, na vida e na arte, as semelhanças não soem ser mera coincidência. Se o defunto autor de Machado é capaz de dedicar suas memórias póstumas ao verme que primeiro roeu as frias carnes do seu cadáver, Noel também se atreve a compor, com um riso amargo, o seu verso-epitáfio: "Estou contente, consolado por saber / Que as morenas tão formosas a terra um dia vai comer". Saudades, Poeta! Sem choro, sem vela, sem flores nem coroa com espinho; só uma fita amarela gravada com o nome dela, ao som de *um choro de flauta, violão e cavaquinho.*

3

Com saudade do futuro, este livro expressa, ainda, um tributo emotivo e carinhoso à nossa história musical, personificada naquelas figuras que povoam o imaginário deste escriba desde os tempos de infância, em meio às calçadas musicais do *Boulevard 28 de Setembro*, onde nomes mágicos de canções como "Feitiço da Vila", de Noel Rosa e Vadico, desfilavam sob meus pés. A Vila tornou real para o menino personagens como Jamelão, a quem meu pai costumava ouvir nas tardes de domingo, interpretando sambas doridos de Lupicínio Rodrigues, e que depois eu veria às terças, na hora da xepa, com sua bolsa de pano, a comprar frutas na feira livre da Rua Jorge Rudge. Ou sambistas do porte de Nei Lopes, que durante uma boa temporada esquentou uma saborosa roda de samba quase na porta do confrade mangueirense. Eram os tempos ditosos da "Casa de Bamba", às sextas-feiras, na antiga quadra da escola de samba, no campo do América F. C. (onde hoje se ergue mais um templo de consumo pós-moderno), sempre coroada com a apresentação de sambistas e cantores como Alcione, Beth Carvalho, Emílio Santiago, Martinho da Vila e outros mais...

Desde então, algumas décadas se passaram. O samba agonizou, mas não morreu... Ungidos pela presença sempiterna do Poeta, só nos resta, pois, agradecer a todos que patrocinaram e estimularam a realização deste projeto. Em primeiro lugar, ao dileto confrade Maringoni, chanceler da República Popular do Belenzinho, que ilustrou alguns motivos do texto: além da valiosa colaboração gráfica, sua irrestrita admiração pelo Rio de Pixinguinha, Ismael Silva, Noel Rosa e tantos outros *bambas* tornou-o o verdadeiro "mentor intelectual" deste atentado poético. Da mesma forma, é imensa a gratidão que devoto aos camaradas da Editora Expressão Popular, que, após publicarem meu livro *Lima Barreto – o rebelde imprescindível*, entre os recortes e perfis da combativa série *Viva o Povo Brasileiro*, não hesitaram em acolher a sugestão de trazer a público, sob outro formato, a estampa *sui generis* de Noel.

Entre os confrades da nossa Província Independente devo prestar enorme agradecimento ao escritor João Máximo, o mais renomado biógrafo de Noel, cujas portas se abriram generosamente para este ensaísta. Assim como aos historiadores Paulo Cavalcante e Vera Borges, seja pelo entusiasmo que esta sempre manifestou por nossa personagem, seja pelas lições que aquele me propiciou acerca dos "caminhos e descaminhos" que herdamos do antigo regime colonial. Sou grato, ainda, à diligente Bianca Baptista, pelas preciosas referências em vídeo pesquisadas na rede cibernética. E também a Lia de Oliveira e Sérgio Antinarelli, interlocutores fraternos deste e de tantos outros projetos. Finalmente, gratidão em azul e branco à querida

Unidos de Vila Isabel, cujos componentes sabem valorizar como poucos a magnífica obra do mestre Noel. Aqui nesta cidade independente, tirando samba sem querer tirar patente, somos todos credores de um certo romancista russo que, há mais de um século, já nos aconselhava: "se queres ser universal, canta tua aldeia!"

Luiz Ricardo Leitão
Vila Isabel, fevereiro-julho de 2009

PARTE 1

O POETA DA VILA

Hélio (à esquerda) e Noel na varanda do chalé da Vila (reprodução autorizada de *Noel Rosa: uma biografia*)

CAPÍTULO 1

À GUISA DE NOTÍCIA SOBRE O POETA

O destino (in)certo, com algumas linhas e traços tortos

Eu nascendo pobre e feio
Ia ser triste o meu fim,
Mas crescendo a bossa veio,
Deus teve pena de mim.

(Noel Rosa, "Riso de Criança")

A vida efêmera e tortuosa de *Noel* de Medeiros *Rosa*[6] é quase tão original e singular quanto a fascinante obra musical que o *Poeta da Vila* criou. Embora haja eventuais discrepâncias entre os biógrafos acerca de algumas passagens da sua trajetória artística e pessoal, todos eles reconhecem que a carreira do compositor foi marcada por eventos insólitos e, por vezes, de consequências traumáticas, que contribuíram de uma ou outra forma para suas

---

[6] Filho de Manuel Garcia de Medeiros Rosa e de Martha de Medeiros Rosa, o compositor nasceu no dia 11 de dezembro de 1910. Seu prenome, dado pelo pai, é uma homenagem à cultura francesa, que o mineiro Manuel muito apreciava, e ao próprio Natal, que em francês se grafa Noël. Cf. DIDIER, Carlos & MÁXIMO, João. *Noel Rosa: uma biografia*. Brasília: Editora UnB, 1990, p. 9.

opções estéticas e existenciais. A começar pelo próprio nascimento do músico, em um singelo chalé da Rua Teodoro da Silva, em Vila Isabel, duas semanas antes do Natal de 1910, um ano marcado por eventos raros e inquietantes, como a passagem do cometa de Halley – a pressagiar, na imaginação do povo, cataclismos e tragédias mil – e a febril agitação que invadira a cidade ao final de novembro, sobressaltada pelos tiros de canhão que ecoaram nos dias da histórica Revolta da Chibata.[7]

Como já nos relataram autores como Almirante, Carlos Didier e João Máximo, o parto do menino foi difícil e prolongado, dando muito trabalho aos dois médicos que assistiram a mãe durante a jornada tensa e arriscada. A criança estava em posição desfavorável, por isso o doutor José Rodrigues da Graça Melo (velho amigo da família, que acompanhara todo o curso da gravidez e depois seria escolhido padrinho de Noel) e seu colega Heleno Brandão não hesitaram em recorrer ao contundente fórceps, a fim de evitar maiores complicações – ou, até mesmo, a morte da gestante e de seu filho. A opção dos dois, infelizmente, deixou sequelas graves no recém-nascido. Em meio à compreensível ansiedade do momento, o instrumento não se encaixou de maneira equilibrada e simétrica na

[7] Revoltados com a péssima alimentação, os maus-tratos e os severos castigos a eles infligidos pelos oficiais, mais de dois mil marinheiros, quase todos negros e mulatos, cujo líder era o célebre João Cândido (imortalizado por João Bosco & Aldir Blanc no samba "O mestre-sala dos mares"), tomaram as suas embarcações, depuseram ou mataram os próprios superiores (entre eles o comandante João Batista das Neves, do Minas Gerais) e resistiram por vários dias ancorados na Baía de Guanabara, bombardeando várias vezes a capital da República. Dois biógrafos de Noel chegam a aventar, com uma pitada de ironia, a hipótese de que o episódio teria concorrido para o complicado parto da criança: "Quem sabe não foi mesmo o canhoneio?" Cf. DIDIER & MÁXIMO, obra citada, p. 26.

frágil cabeça do bebê e o mau jeito resultou em fratura e afundamento do maxilar inferior, além de provocar uma paralisia parcial no lado direito de sua face.

O defeito, em princípio, não representou um estorvo de maior monta. Segundo a descrição de Didier e Máximo, o bebê era "gordo, rosado, de aparência saudável" – com apenas dez meses de vida, para orgulho da família, ele sagra-se inclusive vencedor de um concurso de "robustez infantil" promovido pela Nestlé. No entanto, à medida que a criança cresce e passa a ingerir alimentos sólidos em lugar dos líquidos, não há como disfarçar o problema. A conformação do rosto evolui de forma desproporcional: o lado esquerdo se desenvolve normalmente, ao passo que o direito se mostra bastante atrofiado. A família consulta o dr. Graça Melo, responsável pelo parto, e outros médicos de confiança: todos eles constatam que a deformação do maxilar fraturado é praticamente irreversível. Apesar do diagnóstico tardio, os pais ainda acreditam na recuperação do menino e pagam cerca de 600 mil-réis a um ortopedista de grande prestígio para a milagrosa operação que, ao final, se revelou um rotundo fiasco. Conforme revela seu tio Eduardo Corrêa de Azevedo, o *Eduardinho*, o médico pretendia realizar "uma intervenção mais ambiciosa: corte do osso e enxerto". Não houve, porém, meios para tanto, de sorte que o especialista, valendo-se de um abridor de boca, terminou por forçar ainda mais o maxilar de Noel, rompendo-lhe as fibras do masseter, o que só lhe causaria um novo traumatismo e insuportáveis dores.[8]

[8] A julgar pelo depoimento indignado do tio Eduardinho aos dois biógrafos, tachando o médico de "charlatão", a operação teria sido "dinheiro jogado fora". Ver, a respeito, DIDIER & MÁXIMO. *Noel Rosa: uma biografia*, p. 35.

Noel Rosa possuía então apenas seis anos de idade. Mais tarde, aos 12 anos, os pais recorreriam à última e infrutífera tentativa de reparação do grave defeito físico: uma prótese improvisada com um pequeno aparelho que o garoto, incomodado, usará por pouquíssimo tempo. A deformação, é óbvio, causará constrangimentos, mas os biógrafos divergem sobre o impacto desse fato no ânimo do pré-adolescente. Almirante registra que, entre os colegas do Colégio de São Bento, onde o aluno se matriculou a 28 de dezembro de 1923, o garoto recebeu a impiedosa alcunha de "*Queixinho*" e, por conta disso, "atravessou sua existência sob a pressão do estigma que tanto o magoava".[9] Em geral, o menino "ficava quieto, remoendo a amargura que lhe causava o defeito", mas às vezes perdia a paciência, segundo nos conta o primo Jacy: "Noel ficava fulo e demonstrava o descontentamento que o apelido lhe causava. Tanto pior, porque aí a turma fazia o coro: – Quei-xi-nho..."[10] Já Didier e Máximo minimizam o episódio e afirmam que a imagem de uma infância sofrida e de uma criança estigmatizada pelas outras, a suportar em silêncio as provocações e chistes dos colegas, "está longe de corresponder à realidade". Preferem pensar em um menino solto, despreocupado, sem complexos por causa do queixo – em verdade, apenas um pouco envergonhado na frente de estranhos, "consciente talvez da má impressão que causa".[11] O próprio Almirante reconhece essa circunstância, prenunciando nos momentos alegres em que o jovem

---

9 ALMIRANTE. *No tempo de Noel Rosa*. 2ª ed. Rio de Janeiro: Francisco Alves, 1977, p. 55.

10 PACHECO, Jacy. *Noel Rosa e sua época*. Rio de Janeiro: G. A. Penna, 1955, p. 30.

11 DIDIER & MÁXIMO, obra citada, p. 27.

estudante "falava pelos cotovelos, inventando brincadeiras e contando piadas", a ambiguidade do Noel adulto.

A impressão que fica, em última instância, é a de um menino seguro, ativo, inteligente, que sabia compensar com bom-humor o infortúnio que o acometera. Para isso, por certo, contribuirá em muito a atenção extremada que a mãe lhe devotava. Enquanto o filho estiver no chalé, contam Didier e Máximo, Dona Martha se encarregará pessoalmente da sua alimentação, adotando dietas à base de ovos cozidos, purês, mingaus e sopas, de forma a não exigir-lhe o uso da mandíbula, nem tampouco forçar a articulação. E mesmo mais tarde, quando Noel adoecer, será sob os cuidados da mãe que ele recobrará suas forças. O carinho materno será a moldura de dois temperamentos bem distintos, nascidos e criados sob o mesmo teto. De um lado, o irmão Hélio, quatro anos mais novo,[12] que se contentava em brincar de velocípede nos verdes anos ou ler narrativas fantásticas na pré-adolescência. De outro, Noel, muito mais extrovertido que o caçula, arrebatado pela rua e seus "apelos" (a pipa, o pião, o futebol de botões, os balões), sem contar os malabarismos no estribo dos bondes que cortavam a sua Vila Isabel. No temperamento, contudo, os polos se invertiam: o primogênito era calmo, pouco reclamava com os familiares e era bastante educado com os mais velhos, preferindo "descarregar as energias na rua", ao passo que o mais novo era mais desobediente, irritadiço e não disfarçava o ciúme diante das atenções que o maior recebe.[13]

Enfim, a julgar pelo relato dos pesquisadores, além do espírito irreverente e folgazão, a vida também brindara

[12] O irmão caçula de Noel nasceu no mesmo mês do compositor, no dia 29 de dezembro de 1914.

[13] DIDIER & MÁXIMO, obra citada, pp. 28-29.

ao Poeta uma rara combinação de carisma e talento. De fato, desde cedo o garoto seria ungido por aquele poder de encantar e seduzir com que certas pessoas despertam, de imediato, a simpatia dos pares. Por conta disso, Noel não apenas se tornaria o xodó de quase todos dentro da família, como também exerceria inequívoco magnetismo sobre os colegas da rua e da escola, tanto pelas atitudes e iniciativas surpreendentes que lhe sobrevinham, quanto pela precoce habilidade que demonstrava no manejo do violão, em cujas cordas ele se entretinha durante largos momentos do dia, fosse no quintal de casa, fosse no próprio recreio do colégio.

As primeiras letras, os primeiros acordes – e as primeiras agruras domésticas

– Foi graças ao bandolim que eu experimentei,
pela primeira vez, a sensação da importância.
Tocava e logo se reuniam, ao redor de mim,
maravilhados com a minha habilidade,
os guris de minhas relações. A menina ao lado
cravava em mim uns olhos rasgados de assombro.
Então eu me sentia completamente importante.

(Noel Rosa[14])

Os pais de Noel formavam uma típica família de classe média baixa da zona Norte carioca. A mãe era uma professora primária paciente e esforçada, que montara uma escolinha – o Externato Santa Rita de Cássia – dentro de

[14] In: *Noel Rosa*. Nova História da Música Popular Brasileira. 2ª ed. São Paulo: Abril, 1976, p. 3.

casa para ajudar a criar os dois filhos, já que o dinheiro do pai, Manuel de Medeiros Rosa, era tão instável quanto o seu temperamento. Manuel era, de fato, criatura impulsiva e sonhadora. Quando Noel nasceu, ele era gerente de uma camisaria, mas, insatisfeito com o patrão (que não cumprira a promessa de torná-lo sócio caso o jovem funcionário evitasse a falência do negócio), logo abandona a firma a fim de criar, em sociedade com outro amigo, a sua própria loja de roupas masculinas. Sobrevém, contudo, a Primeira Guerra Mundial e, com isso, o empreendimento fecha suas portas.

Falido e endividado, o teimoso mineiro resolve partir sozinho para o interior de São Paulo, em cujas fazendas logra exercer o ofício de agrimensor, que Manuel aprendera por sua própria conta. É assim que ele se torna chefe de uma equipe responsável pelo loteamento de terras no Noroeste do Estado, no distante município de Araçatuba. A vida reclusa e selvagem no meio do mato até que faz bem ao espírito introvertido e neurastênico de Manuel, mas não o poupa de novas adversidades: ao socorrer um grupo de indígenas vítimas de maleita, ele próprio contrai a doença. Segue, então, para Aquidauana, em Mato Grosso, onde o cunhado Eduardinho era médico da Estrada de Ferro Noroeste do Brasil. Ao encontrá-lo, no entanto, mais uma surpresa: o doutor estava doente, acometido de tifo – e será o paciente que se incumbirá de tratar do médico até que este se recupere...

E assim, entre idas e vindas, o patriarca passará seis anos fora de casa, só viajando ao Rio em dezembro, para festejar o aniversário dos filhos. Os meninos, certa feita, sequer o reconhecem, tamanha a metamorfose do pai. Quando regressa de vez, porém, traz dinheiro para pagar as dívidas do antigo negócio e sonhos de uma vida nova, que, infelizmente, jamais se consumarão como ele imaginara. Em realidade, o idealista Manuel, com seus fumos de iluminado inventor, conceberá planos fantásticos, mas nenhum desses projetos mirabolantes obtém êxito comercial, de modo que a família viverá sempre numa "gangorra financeira", à beira da pindaíba, com os parcos réis contados para o sustento das crianças.

Por força dessas circunstâncias, caberá naturalmente à mãe a tarefa de educar e formar os filhos. É ela que se ocupa de transmitir-lhe as primeiras letras e, em especial, os primeiros acordes. Aos seis anos, Noel já aprendia a ler e escrever na escolinha de Dona Martha, compartilhando as aulas com as crianças que a família acolhe como verdadeiros filhos, entre eles os irmãos Dulce, Sylvia e Mariozinho Brown e o menino Jocely da Conceição, que passavam o dia inteiro "internos" no chalé. Todos eles eram órfãos de mãe e seus pais, amigos da família, recebiam uma providencial ajuda da generosa Martha e da severa tia Carmen – que, por iniciativa própria, também se ocupava da educação dos menores como se fora uma segunda mãe, não obstante sua natureza "exigente, disciplinadora e austera", que o sobrinho, obviamente, não poderia admirar.[15] Rosa e Jocelyn, um pouco mais velhos, logo serão matriculados na Escola Pública Cesário Motta, bem próximo à sua casa, no Boulevard 28 de Setembro, esquina da Rua Silva Pinto, percurso que os dois venciam em dez minutos a pé, ou então, de bonde, tão a gosto do garoto Noel, que adorava inventar estripulias no estribo e saltar em movimento do veículo.

---

15 *Idem, ibidem*, p. 33.

Em 1920, antes de completar dez anos, ele cursava o terceiro ano da escola pública. Três anos depois, será matriculado no Ginásio de São Bento, a tradicional escola mantida pelos monges beneditinos em um pequeno morro ao lado da Praça Mauá, onde também estão situados a igreja e o mosteiro erigidos pela Ordem na antiga época colonial, cujo interior atesta o esplendor da arte barroca no século 17.[16] O ingresso na instituição é, de certa forma, um marco na vida do garoto, cujo espírito pouco a pouco se abria para a algaravia humana e a polifonia musical da capital republicana. Vizinho ao Cais do Porto, bem no centro do Rio de Janeiro, o São Bento lhe permitirá não apenas transitar por uma zona de boemia e malandragem, como também o conduzirá a distintos espaços do meio artístico e letrado, desde as célebres livrarias e confeitarias em que se reuniam os *anatoles*[17] da *Belle Époque*, até as casas musicais em que conhecerá os intérpretes e autores mais afamados da "era do rádio" (cujo auge se dá nos anos de 1930, com a criação da Rádio Nacional). Esse seria, sem dúvida, o

16 Apesar do perfil aristocrático, típico de quem se propõe a formar uma "elite masculina católica", conforme declarou a este autor o ex-reitor D. Lourenço de Almeida Prado (a escola paga até hoje multa anual ao Estado por não matricular meninas), a secular instituição tem acolhido ainda, como bolsistas, crianças de classe média baixa, o que por vezes resulta em composição social mais variada, que talvez explique a formação não apenas de futuros dirigentes da burguesia carioca, mas também de artistas e figuras de verve mais popular, como Noel Rosa e Lamartine Babo nos anos de 1920, ou até mesmo o humorista Hélio de la Peña, do grupo Casseta & Planeta, que lá estudou nos anos de 1970. Na época de Noel, aliás, além do ensino primário e ginasial, a ordem mantinha um curso noturno para trabalhadores e uma turma popular para alfabetização de crianças pobres.

17 Curiosa gíria com que o prosador carioca Antônio Fraga designa em seus contos os acadêmicos e beletristas que circulavam pelo Rio nas primeiras décadas do século 20, em irônica alusão ao escritor francês Anatole France (1844-1924), premiado com o Nobel de Literatura em 1921.

aprendizado mais fértil do estudante, que, por certo, não assistia com igual entusiasmo às compenetradas lições que mestres como o célebre filólogo Mário Barreto, da cadeira de Português, ministravam a seus colegas.

Como veremos logo adiante, no segundo capítulo deste ensaio, será de extraordinária importância na vida e na obra do Poeta da Vila aquela singular sociocartografia musical em que se inscrevem a velha Lapa dos malandros e cantores, a histórica Praça Onze com suas baianas majestosas e o Estácio dos *bambas* e porretas, uma confraria capaz de reunir nomes como Madame Satã e Villa-Lobos, tia Ciata e João da Baiana, ou Francisco Alves e Ismael Silva, para não falar de outras figuras legendárias como Donga, Sinhô e Pixinguinha. Vila Isabel, por certo, com suas janelas abertas para "Salgueiro e Mangueira, Oswaldo Cruz e Matriz", será o epicentro deste Noel que circula entre o centro e a margem, avesso às convenções morais do seu próprio meio e visivelmente fascinado pela ética subversiva da malandragem. E que, em companhia de mestres como Cartola, estará sempre atento às novas *bossas* que brotam dos primeiros contatos – ainda tímidos e reticentes – entre o "morro" e a "cidade". Enfim, um autêntico alquimista desta nossa experiência periférica de modernidade, que impulsiona a ascensão do samba urbano sem ignorar a herança longeva e indelével dos ritmos rurais.

Pois foi em Vila Isabel, nas tertúlias domésticas das noites de domingo, que o gosto do pequeno Noel pela música se apurou, estimulado, inicialmente, pelas lições que recebe de Dona Martha e, mais tarde, pelo caloroso incentivo de amigos, vizinhos e parentes, que tratavam de ensinar-lhe variadas composições (em geral, melodiosas valsinhas e canções). O primeiro instrumento que lhe cai nas mãos é o bandolim, com o qual o garoto, ainda franzino, irá acompanhar, nos saraus do chalé, as apresentações de sua mãe e dos demais convidados da família. Segundo nos conta Jacy Pacheco, admirador confesso do primo, este solava "com sentimento e desembaraço", exibindo técnica inteiramente pessoal: "Tocando, transfigurava-se. A alma ia junto na interpretação das melodias. Nascera para a música."[18] Ele não completara sequer 13 anos de idade, mas a experiência ficaria marcada para sempre em seu périplo lírico-existencial, emoldurada pela funda impressão que lhe causavam os olhos rasgados de assombro das meninas e a admiração sincera dos guris de suas relações.

Do bandolim, Noel passará de imediato ao violão, instrumento com o qual o pai encantava os dois filhos nas raras vezes em que viajava de São Paulo para visitar a família. O irmão Hélio logo iria acompanhá-lo nos recitais, primeiro ao cavaquinho e depois ao violão. O caçula, de apenas 11 anos, que também ingressara no São Bento, habituara-se a passar pela loja "Cavaquinho de Ouro", na saída do colégio, para ouvir mestres como Pernambuco e o jovem Dilermando Reis, que já se tornava respeitado no meio. Ele olhava, aprendia e, de volta a casa, "punha-se a estudar e reproduzia as músicas que guardava na memória".[19] Quanto ao filho mais velho de Dona Martha e Seu Manuel, aos 15 anos já era senhor das cordas, tocando-as de maneira muito própria: "solava a linha melódica sem introduzir acordes, tal como aprendera no bandolim".[20] Em pouco tempo, os irmãos Rosa

---

[18] PACHECO, *Noel Rosa e sua época*, p. 33.

[19] PACHECO, obra citada, p. 34.

[20] *Noel Rosa. Nova História da Música Popular Brasileira.* 2ª ed. São Paulo: Abril, 1976, p. 3.

foram ganhando fama de músicos no bairro e Noel, que prosseguia seus estudos no São Bento, afastava-se cada vez mais das lides escolares, dedicando ao colégio apenas o tempo suficiente para não ser reprovado – o que, aliás, nem sempre pôde evitar...

O fio das paixões – e o novelo inesgotável das canções

O violão lembra a mulher que se aninha nos braços do seu amado e, sem dizer-lhe nada, parece suplicar com beijos e carinhos que ele a tome toda, faça-a vibrar no mais fundo de si mesma, e a ame acima de tudo, pois do contrário ela não poderá ser nunca totalmente sua.

(Vinicius de Moraes, "Uma mulher chamada Guitarra")

Já no limiar da adolescência, o "menino de família" foi se acostumando à melopeia das ruas, desfrutando os gozosos encantos que a sua provinciana, porém hedonista Vila Isabel lhe oferece. O jovem músico circula pelos cafés-bilhares do Boulevard 28 de Setembro, onde fazia ponto a rapaziada do bairro, amante de um bom papo, uma boa cerveja e, claro, uma boa música. Vieram as primeiras serenatas, os primeiros amores e, inevitavelmente, os primeiros porres. A esquina da Rua Sousa Franco com o Boulevard, o famoso *Ponto de Cem-Réis* (era ali que mudava a tarifa dos bondes que cruzavam o bairro), passaria a ser o verdadeiro "escritório" do Poeta, um sítio emblemático da mitologia noelina, conforme segredou em entrevista a este autor o saudoso mangueirense Guilherme de Brito, parceiro maior de Nélson Cavaquinho, que, em menino, ficava à espreita na calçada, em frente ao bar de Noel, para recolher as guimbas de cigarro que este jogava de sua mesa...

A opção definitiva pelo violão, sem demérito do bandolim ou do cavaquinho, indicia uma nova etapa na vida afetiva e artística do compositor. Disse em sua crônica Vinicius que este é o único instrumento "capaz de ouvir e de entender a Lua", atendendo ao seu clamor em um céu tranquilo sem perturbar-lhe o luminoso êxtase. Cingiu-o, assim, ao amor "e tudo o que, nos instantes mais belos da natureza, induz ao maravilhoso abandono", conferindo à sonora guitarra uma singular sensualidade. Como descreve alegoricamente o cronista (de acordo com a concepção particular de gênero que este cultivava e que Noel, inteiramente avesso à causa feminista, por certo subscreveria), de todos os instrumentos musicais que se inspiram na forma feminina – desde a viola e o violino até o bandolim ou o violoncelo – o violão é aquele que mais se aproxima de uma representação ideal de mulher: "nem grande, nem pequena; de pescoço alongado, ombros redondos e suaves, cintura fina e ancas plenas; cultivada, mas sem jactância; relutante em exibir-se, a não ser pela mão daquele a quem ama; atenta e obediente ao seu amado, mas sem perda de caráter e dignidade; e, na intimidade, terna, sábia e apaixonada".[21]

Pois será assim, abraçado ao violão, que o jovem Noel esquecerá a timidez e começará a traçar uma extraordinária e fecunda carreira de compositor popular. Em sua vasta galeria de temas musicais, as mulheres serão desde

---

[21] Cf.: MORAES, Vinicius. "Uma mulher chamada Guitarra". In: *Para viver um grande amor*. Rio de Janeiro: José Olympio Editora, 1984.

o princípio um mote privilegiado. Sem dúvida, o poeta-cronista trazia consigo uma propensão irresistível a devassar a alma feminina, sendo um dos primeiros, senão o pioneiro em cultivar uma tendência que, várias décadas depois, despontará de forma ainda mais introspectiva e acurada na obra de Chico Buarque – a quem muitos, aliás, consideram, tanto neste quanto em outros aspectos, o mais legítimo herdeiro do Poeta da Vila. E, embora este não seja o motivo exclusivo de sua produção musical (ao contrário, por exemplo, do genial Lupicínio Rodrigues, cujo cancioneiro se nutre da angústia metafísica e da cruel dor de cotovelo), deve-se creditar às crônicas de um quixotesco coração boa parte do eclético repertório do autor.

Desde a primeira namorada, Clara, até a célebre Ceci, paixão que o arrebatou durante anos, inclusive no período em que já estava casado com Lindaura (a única união oficial), Noel Rosa fez dos amores e decepções um pretexto recorrente para a criação de dezenas de composições. Ele próprio lavraria essa sentença, ainda na flor dos 20 anos, em uma estrofe do primeiro samba dedicado a Fina, a mesma operária humilde e independente que mais tarde o músico eternizaria nos versos de "Três Apitos":

Em cada morro que passo
Um novo amor eu conheço
Cada paixão que eu esqueço
É mais um samba que eu faço.[22]

Em se tratando de Noel, porém, nem sempre prevaleceria o tom choroso e melodramático com que muitos

[22] "Riso de criança", de Noel Rosa, composto em 1930 e gravado por Aracy de Almeida em 1934.

compositores tratavam essa espinhosa tecla. Muitas vezes a mágoa, o rancor ou o ressentimento cediam passo ao bom-humor e à ironia, como atestam estes versos em que se despede de um fugaz romance ocorrido durante uma excursão com o grupo *Ases do Samba*:

Até amanhã, se Deus quiser,
Se não chover, eu volto pra te ver,
Ó, mulher
De ti gosto mais que outra qualquer
Não vou por gosto,
O destino é quem quer[23]

Há também episódios bem divertidos, em que o menestrel lírico se converte em sátiro jocoso, como naquela hilariante serenata que Noel preparou em represália à implicância de um militar linha-dura que morava na mesma vila de Clara, a meiga e bela jovem que desde os tempos de escola já lograra cativar o coração inconstante do Poeta. Favorita de Martha, que fazia gosto em ver o filho casar-se com aquela preciosa prenda, Clara mudara-se de Vila Isabel para o Engenho Novo,[24] onde fora viver com a família. Cozinhando o namoro em banho-maria, Noel enfrentava a resistência dos irmãos da moça, que não prezavam a índole boêmia do pretenso cunhado, mas

[23] "Até amanhã", de Noel Rosa, composto em 1932 e gravado por João Petra de Barros em 1933. Segundo informa o próprio autor em entrevista (*Carioca*, 18/7/1936, p. 41), o samba começa a ser escrito depois que ele se despede da bela morena que vivia em frente à pensão onde se hospedara – e se conclui a bordo do navio em que os músicos, finda a série de apresentações em Porto Alegre, seguiam para Florianópolis. Ver, a respeito, DIDIER & MÁXIMO, obra citada, p. 225.

[24] Bairro que se espraia em direção ao Méier e ao Lins, a partir do antigo Jardim Zoológico, na divisa de Vila Isabel e Grajaú, e que naquela época se ligava à Vila por meio de uma linha de bonde.

não deixava de galanteá-la com suas serestas ao luar. Difícil era suportar a caretice do vizinho, que era coronel do Exército, não gostava de música e já o pusera para correr entre gritos e ameaças.

A solução do seresteiro foi convocar o amigo Malhado,[25] um simplório chofer de praça que sonhava com a carreira musical, e incumbi-lo de cantar, sob a janela do milico, uma valsa inédita, "cheia de palavras difíceis", dizendo ao amigo que naquela casa viviam duas formosas donzelas, que certamente acordariam extasiadas com os versos que este iria entoar. O motorista, sem desconfiar das intenções maquiavélicas do compositor, aceitou exultante a missão e, chegando à porta do coronel, afiou com carinho o gogó, aguardou a introdução do violão e, por fim, desatou o borbotão poético:

Eu saí da tua alcova
Com o prepúcio dolorido
Deixando o teu clitóris gotejante
Com volúpia emurchecido.
Porém o gonococus da paixão
Aumentou minha tensão...

O ingênuo cantor, obviamente, mal pôde terminar a primeira estrofe. Na janela em que imaginara ver as beldades descritas por Noel, surgiu, ainda de pijama e aos berros, o tenebroso vizinho, que, armado com um revólver, disparou um tiro para o alto. Malhado, apavorado, fugiu imediatamente da vila e, seguido de Noel, saiu correndo pelos trilhos do bonde até a Praça Sete, já em Vila Isabel,

---

[25] Segundo nos relata Almirante, Malhado era o apelido de Serafim Vieira da Cunha (1895-1953), que desde cedo recebeu esse apelido "devido às inúmeras manchas na sua pele".

sem conseguir entender por que o homem se enfurecera tanto com a sua emocionada interpretação daqueles versos tão românticos, recheados de vocábulos tão raros e impressionantes...[26]

Ainda que o espírito do artista saiba sempre conferir uma nota de ironia ou sarcasmo a todos esses incidentes, os males de amor não podem, contudo, ser dissimulados por completo. Por isso, a marca de cada mágoa ou desilusão também há de figurar nos versos dos belos poemas com que ilustrou sua conturbada vida amorosa, como este doloroso *Prazer em conhecê-lo*, que, segundo consta, seria motivado por um reencontro inesperado com a própria Clara, depois que Noel já a deixara de procurar. A cena desconcertante e constrangedora, testemunhada à distância por uma ciumenta sombra masculina, adquire cores vivas e doridas, acentuadas pelo cenário paradoxal da festa (talvez uma recriação noelina da progressão dramática de "O Adeus de Teresa", famoso poema de Castro Alves):

Quantas vezes nós sorrimos sem vontade
Com o ódio a transbordar no coração
Por um simples dever da sociedade
No momento de uma apresentação

Se eu soubesse que em tal festa te encontrava
Não iria desmanchar o teu prazer
Porque, se lá não fosse eu não lembrava
Um passado que tanto nos fez sofrer [...]

Ainda lembro que ficamos de repente
Frente a frente
Naquele instante, mais frios do que gelo

[26] O caso nos é relatado em detalhes por DIDIER & MÁXIMO, obra citada, pp. 136-137.

Mas, sorrindo, apertaste a minha mão
Dizendo então:
"Tenho muito prazer em conhecê-lo"

Mas eu notei que alguém impaciente
Descontente
Ia mais tarde te repreender
Tão ciumento que até nem quis saber
Que mais prazer
Eu teria em não te conhecer.[27]

Não é demais notar que, além do intenso lirismo que encerram, os versos sensíveis com que Noel registra a volúpia amorosa também nos deixam entrever outras facetas valiosas de sua obra. A cada nova paixão – e a cada nova composição –, ouve-se não apenas o menestrel, mas também o cronista sutil e elegante das mazelas sociais, cujo singular papel em nossa MPB será mais profundamente analisado na Parte 2 deste livro. Como é *sui generis* este Poeta que, em meio às dores de amor, ainda possui olhos para maldizer os "simples deveres" da sociedade e a hipocrisia dos salões, ou para comover-se com a penúria da amada que trabalha na fábrica de tecidos e sofre as impertinências do patrão, conforme ele próprio declama em duas estrofes inesquecíveis de outra canção "clássica":

Você no inverno
Sem meias vai pro trabalho
Não faz fé no agasalho
Nem no frio você crê
Mas você é mesmo
Artigo que não se imita
Quando a fábrica apita

[27] "Prazer em conhecê-lo", de Noel Rosa & Custódio Mesquita, composta em 1932 e gravada no mesmo ano pelo cantor Mário Reis.

Faz reclame de você
[...]
Nos meus olhos você lê
Como eu sofro cruelmente
Com ciúmes do gerente
Impertinente
Que dá ordens a você[28]

É claro que não podemos isentá-lo dos ideologemas e preconceitos próprios de sua época, nem tampouco atribuir-lhe uma posição mais progressista nas questões de gênero, como já se advertiu mais acima. Que o diga a sua esquiva relação com Lindaura, a única esposa "de papel passado", com quem, a bem da verdade, somente casou por uma inusitada concorrência de fatores, habilmente aproveitada por Dona Martha, a zelosa e providencial mãe do cantor. Abramos os necessários parênteses ou colchetes...

[Noel e Lindaura haviam estudado juntos nos tempos da escolinha do chalé e voltaram a se encontrar em 1933, quando ela, aos 17 anos, já era uma bela morena, a quem ele busca conquistar. Os dois terminam por sair juntos, apesar da severa vigilância da mãe da moça, Dona Olindina, uma sergipana enérgica e obstinada que, à custa de muito suor, conseguira criar os dois filhos que tivera com o primeiro marido. Ao descobrir que a filha passara a noite com Noel em um hotel da Cidade Nova, dá queixa de rapto à Polícia e obriga o delegado a apurar o caso. Como Lindaura ainda era menor, a denúncia não pode ser ignorada e o cantor é obrigado a prestar depoimento na 16ª Delegacia, em Vila Isabel. Pressionado a casar para "solucionar" a questão,

[28] "Três apitos", de Noel Rosa, composta em 1933, mas gravada somente em 1951 por Aracy de Almeida, porque o compositor a julgava uma canção menor, repleta de imperfeições poéticas.

ele negaceia sempre que possível. Graças às gestões de Dona Martha, o comissário, admirador confesso do artista, posterga a abertura do processo, que, todavia, continua a pairar como terrível ameaça à liberdade do perplexo Don Juan. Mais de um ano depois, ao final de 1934, Martha finalmente consegue obter a concordância de Noel para o casório, aproveitando-se de sua saúde debilitada (já não era possível ocultar os efeitos da tuberculose que o consumia), que, por estrita recomendação médica, exige uma temporada de descanso na casa de parentes em Belo Horizonte – e para a qual a presença de Lindaura, dublê de esposa e enfermeira, seria imprescindível, conforme o próprio noivo, bem contrafeito, admitira à ardilosa mãe...]

Findos os parênteses, registre-se, a título de notória ilustração, que Lindaura mereceu de Noel um único samba, gravado, aliás, no ano de sua morte, pelo próprio cantor, que o compôs por um motivo que, hoje, seria absolutamente execrado por nossa sociedade: retrucar a proposta que a mulher aventa de trabalhar fora, a fim de amenizar a crítica situação econômica do casal. A resposta do compositor surge nestes versos, de feitio tão irônico quanto chauvinista:

Você vai se quiser
Pois a mulher
Não se deve obrigar
A trabalhar
Mas não vá dizer depois
Que você não tem vestido
E o jantar não dá pra dois!
Todo cargo masculino
Seja grande ou pequenino
Hoje em dia é pra mulher...
E por causa dos palhaços

Ela esquece que tem braços:
Nem cozinhar ela quer!

Os direitos são iguais...
Mas até nos tribunais
A mulher faz o que quer...
Cada qual que cave o seu
Pois o homem já nasceu
Dando a costela à mulher![29]

Apesar de literalmente coagido pelas penas nada lenientes da dona "Justa", que é o terror de qualquer aprendiz de Macunaíma, Noel terminou por reeditar uma antiga prática patriarcal do homem brasileiro, assentada na desfaçatez secular do regime da casa-grande & senzala. Como tantos outros de sua classe e geração, ele desdobrou a vida conjugal entre as obrigações e 'aporrinhações' da *casa* e os prazeres e aventuras da *rua*, equilibrando, quase sempre de forma precária, as demandas, invariavelmente antagônicas, de Lindaura, a companheira oficial, e das demais paixões que cultivou até o fim da breve vida. Destas, merece especial atenção, sem dúvida, a figura de Ceci, a quem os historiadores consideram o grande amor do Poeta e para a qual ele compôs inúmeras obras-primas, tais como "Pra que mentir?", "Quem ri melhor" e o clássico "Último Desejo".

Registrada na certidão de nascimento com o nome de Juracy Corrêa de Moraes, *Ceci* era uma jovem campista que, órfã de mãe aos 13 anos, abandona a casa paterna depois que este se casa pela segunda vez com uma criatura que, a julgar pela descrição nada lisonjeira dos biógrafos,

[29] "Você vai se quiser", de Noel Rosa, composta em 1936 e gravada em janeiro de 1937 pelo próprio Noel, em parceria com a cantora Marília Batista.

era grosseira e belicosa, fustigando sem dó os enteados, sobretudo o pequeno Didito, irmão de Juracy. Para fugir da madrasta, vem morar no Rio com uma tia bastante humilde, que morava bem no centro da cidade, próximo à estação ferroviária da Central do Brasil. A convite de uma amiga, ela aparecerá no efervescente cabaré *Apollo* em uma noite especialíssima, quando Noel e outras figuras boêmias celebram uma esfuziante festa caipira, em 23 de junho de 1934. O evento será um marco definitivo em sua vida: Ceci deixa de ser uma simples caixa de um restaurante da Rua do Rosário para transformar-se em deslumbrante dançarina, por quem Noel, que a vê pela primeira vez naquela "festa de São João", se apaixonará por completo.[30]

Sem que ela própria pudesse evitá-lo, Ceci se torna o epicentro sísmico da vida amorosa do Poeta. Será perseguida por Julinha, uma paixão já esmaecida de Noel, a quem ele havia conhecido na Lapa e que, à beira dos 40 anos, é agora apenas uma pálida sombra da bela mulher que atraíra o cantor, de índole possessiva e maternal, mas amiga da bebida e dos escândalos.[31] Maior abalo ainda o novo caso provocará nos frágeis laços que Noel assumira com Lindaura, ambos precariamente instalados em um pequeno quarto da Rua do Acre, também no Centro, o

[30] O encontro nos é narrado com detalhes por DIDIER & MÁXIMO, pp. 310-312. O episódio, aliás, seria imortalizado na primeira estrofe de "Último Desejo", samba com que Noel, pouco antes de sua morte, parece despedir-se da amante: "Nosso amor que eu não esqueço / E que teve o seu começo / Numa festa de São João / Morre hoje sem foguete / Sem retrato e sem bilhete... / Sem luar e sem violão..."

[31] Julinha Bernardes era uma mulher alta, elegante, de cabelo oxigenado, que morava na Penha, um modesto bairro suburbano situado à margem da Avenida Brasil, na região da Leopoldina, em que está erguida sobre o penhasco de mesmo nome a tradicional igreja de Nossa Senhora da Penha.

único recanto que o parceiro Zé Pretinho conseguira arrumar com os minguados tostões que o amigo lhe repassara. Serão cada vez mais longas as noites que a futura esposa atravessará naquele cômodo sombrio, enquanto Noel, arrastado pelos ritmos da boemia e pelo apelo irresistível de Ceci, circula entre os acordes das rodas de samba e a azáfama dos botecos e cabarés da Lapa.

Contudo, o vertiginoso romance vivido com a dançarina também lhe ensinará o outro lado da moeda. De ânimo altivo e autônomo, Ceci não sufoca a atração que sente por Noel, mas, ciente da existência de Lindaura e de outras aventuras menores do Poeta, tampouco se torna presa submissa da relação truncada e quase doentia que mantém com o compositor. Ademais, a bela *danseuse* acalenta planos mais altos, que a conturbada vida amorosa em nada favorece.[32] O artista agrada-a, decerto, até mesmo porque é uma das estrelas mais raras desse estranho universo que a seduz: ele gosta de encontrá-la nas casas onde Ceci se apresenta, para que depois varem a madrugada em passeios, programas e conversas que só terminam quando o sol desponta no horizonte. Contudo, quando a tuberculose o faz afastar-se, deixando-o de molho no chalé materno, ela se envolve com o jovem Mário Lago, que, menos tarimbado do que Noel, mal principiara a flanar entre o Café Nice e os cabarés da Lapa, mas já ostentava a elegância e

[32] Curiosamente, enquanto Noel esteve vivo, a carreira profissional de Ceci não alçou grandes voos: atuou como dançarina nos cabarés da Lapa, corista em espetáculos de circo e eventualmente serviu de modelo aos alunos da Escola Nacional de Belas Artes. Sua estreia em uma peça de teatro, um dos sonhos da jovem, ocorre somente dois meses depois da morte do cantor. Cf., a respeito, DIDIER & MÁXIMO, p. 317.

o carisma que distinguiriam o grande compositor e ator nas décadas posteriores.

Noel, Mário e Ceci enredam-se por algum tempo em uma teia caprichosa do destino. Os três compõem um motivo (o triângulo amoroso com dois vértices masculinos e outro feminino) que já é clássico em nossa MPB – e para o qual, mais do que juras de vingança ou retaliação (suposto direito que caberia ao "macho desonrado"), parece prevalecer um juízo de realista ou resignada aceitação, conforme ilustra a primeira estrofe de uma canção de Lucio Cardim: "Quem sou eu pra ter direitos exclusivos sobre ela / Se eu não posso sutentar os sonhos dela / Se nada tenho e cada um vale o que tem / Quem sou eu pra sufocar a solidão da sua boca / Que hoje diz que é matriz e quase louca / Quando brigamos diz que é a filial".[33]

É claro que o episódio não será necessariamente descrito por Noel com tamanha bonomia ou 'compreensão'. Das canções escritas nessa época, muitas encerram aguda provocação e ironia, como a clássica "Pra Que Mentir", pequena obra-prima composta em parceria com Vadico, artista cuja musicalidade traduzia à perfeição o estado de espírito do Poeta:

Pra que mentir se tu ainda não tens
Esse dom de saber iludir?
Pra quê?! Pra que mentir
Se não há necessidade de me trair?

[33] "Matriz ou filial", composição que seria imortalizada nas vozes de Nélson Gonçalves e do saudoso Jamelão da Mangueira, entre outros. O tom 'realista' do desabafo, que, em face do imaginário da época, indicia uma inequívoca reordenação de papéis na dialética dos gêneros, pode ainda ser apreciado nos versos da segunda estrofe: "Afinal, se amar demais passou a ser o meu defeito / É bem possível que eu não tenha mais direito / De ser matriz por ter somente amor pra dar".

Pra que mentir, se tu ainda não tens
A malícia de toda mulher?
Pra que mentir
se eu sei que gostas de outro
Que te diz que não te quer?
Pra que mentir
Tanto assim
Se tu sabes que eu já sei
Que tu não gostas de mim?!
Se tu sabes que eu te quero
Apesar de ser traído
Pelo teu ódio sincero
Ou por teu amor fingido?![34]

As canções endereçadas a Ceci são, talvez, o capítulo final de uma pródiga história poética, para a qual, como sua própria obra ilustra, cada paixão concorrerá com vários e sugestivos títulos. Essa veia *lírico-amorosa*, entretanto, é apenas uma das múltiplas facetas de sua produção, na qual também se destacará o gosto do poeta-cronista pela *denúncia social* e pela descrição de *tipos e costumes* do seu meio e da sua época. E a própria opção do filho de Martha e Manuel Rosa pela carreira de compositor popular (contrariando o desejo manifesto da família de vê-lo formar-se um *doutor*), é, por si, só outro capítulo dentro de nossa história, a merecer uma breve menção nestas reminiscências que anotamos sobre o Poeta da Vila.

[34] Canção de 1937, que só seria gravada dois anos depois por Silvio Caldas. O ressentimento entre ambos já havia sido exposto, um ano antes, em "Quem Ri Melhor", com letra e música de Noel, que o autor grava ainda em 1936 com Marília Batista. Seus versos são diretos e contundentes: "Felicidade é o vil metal quem dá / Honestidade ninguém sabe onde está / Acaba mal quem é ruim / Pois quem me fez chorar hoje chora por mim / Quem ri melhor é quem ri no fim!"

O samba não se aprende no colégio

Eu fui educado na roda de bamba
E fui diplomado na escola de samba
Sou independente conforme se vê

(Noel Rosa, "O X do Problema")

Concluir os estudos no São Bento não foi tarefa simples para Noel. Nos últimos meses de 1927, ele presta os exames finais de bacharelato nas disciplinas de Química/Física e História Natural, a cargo do professor José Piragibe. É reprovado em ambas, resultado previsível para quem passara um ano inteiro na gandaia, cada vez mais interessado na música e distante do sonho dos pais, que era ver o primogênito formado em Medicina. Sua última chance, a famosa "segunda época", já em fevereiro de 1928, resulta em novo fiasco. Frustrado, o Poeta atribui a responsabilidade pela reprovação ao mestre Piragibe, o qual teria se vingado das inúmeras brincadeiras e zombarias que o aluno lhe fizera ao longo do ano letivo. Os colegas sabem que essa é uma desculpa mais do que esfarrapada, mas os pais, mesmo zangados e aborrecidos com o fracasso do pupilo, preferem acreditar na sua versão. O nada isento primo Jacy, por sua vez, não apenas subscreve as palavras de Noel, como ainda afirma em seu livro que mais tarde, assim que o irmão caçula inicia suas aulas no CSB, este igualmente se torna vítima da perseguição do professor.[35]

A solução que lhe restou foi prosseguir mais um ano no São Bento, mas realizar as provas pendentes no Colégio Pedro II, a partir de março, quando se reiniciava o ano

[35] Cf. PACHECO, obra citada, p. 29.

escolar, de acordo com o sistema então vigente na rede de ensino da ex-capital federal. Após os primeiros exames, porém, é novamente reprovado em História Natural, o que lhe provoca funda depressão, que terminará em uma suposta tentativa de suicídio por Noel, episódio deveras obscuro na biografia do Poeta e que jamais foi completamente esclarecido, mas que, segundo alguns autores, serviu-lhe como luva para aplacar a pressão insuportável do pai. E que, infelizmente, revelava-nos uma faceta sombria do caráter daquele rapaz "capaz de truques e simulações para enfrentar a vida, de mentir para se salvar, de pôr no fogo um professor desde que se livre do fogo ele próprio".[36] *Coisas nossas*, doutor, *coisas nossas*...

O curso, afinal, só seria concluído um ano mais tarde, a duras penas, para alívio da família, que perdurava nos planos de tornar o filho um médico renomado. O pai, que voltara a radicar-se no Rio e estava empregado na Prefeitura da cidade, e a severa Tia Carmem eram os mais exigentes de todos. Manuel, contudo, já está a caminho da loucura, e suas censuras aos dois filhos se misturam aos devaneios de um homem que se crê genial inventor e para o qual as adversidades dos seus traduzem apenas ingratidão e falta de reconhecimento das virtudes que julga possuir. Martha, por sua vez, é sempre mais branda com os percalços do primogênito, mas também torce desesperadamente pelo seu ingresso na Faculdade.

A primeira tentativa é realizada em 1930, mas Noel só será bem-sucedido no ano seguinte. Esse longo hiato

---

[36] Cf.: DIDIER & MÁXIMO, obra citada, p. 79. Acerca das acusações a Piragibe, os depoimentos colhidos pelos biógrafos entre os alunos da época contrariam por completo a versão do cantor, que conta apenas com o conivente aval de Jacy Pacheco em *Noel Rosa e sua época*.

na trajetória do estudante somente contribuirá para que ele se envolva cada vez mais com a farândula musical. Já era mais do que sabido que o Poeta prezava muito mais a educação na roda de bamba e o diploma da escola de samba, do que qualquer título pomposo que viesse a obter nas carteiras do Ginásio ou da Faculdade. A sua aproximação com o mundo da música, de que trataremos amiúde no Capítulo 2 desta obra, já se dera por múltiplas vias, desde as primeiras participações no *Bando de Tangarás* até a composição das primeiras canções nas cordas do inseparável violão.

Os *Tangarás* eram jovens de famílias de classe média da Tijuca, bairro vizinho a Vila Isabel, com quem Noel já estabelecera contato nas noitadas do *Ponto de Cem-Réis.* Eles estudavam no tradicional Colégio Batista e se reuniam no casarão de Eduardo Dale, diretor da Casa Pratt.[37] O conjunto denotava nítida influência dos ritmos regionais que invadiam a capital federal no final da década de 1920, um traço nada surpreendente em nossa experiência periférica de *modernidade,* na qual o poder secular do latifúndio podia ser atestado pela extraordinária longevidade dos elementos agrários no imaginário coletivo nacional. A exemplo do que ainda hoje ocorre no urbaníssimo eixo Rio de Janeiro – São Paulo, onde as duplas *sertanejas* estilizadas, a pasteurizada *axé-music* e o próprio *forró* nordestino embalam as baladas de milhões de adolescentes nas boates, bares e danceterias (apesar da vigorosa concorrência de alguns outros produtos, desde o *rap* e o *funk* carioca até a música *pop* ou a batida eletrônica importada), gêneros oriundos

[37] Renomada loja de artigos de escritório, hoje já inexistente, que se instalara desde o início do século passado na Rua do Ouvidor (centro do Rio) e possuía uma filial na Rua Direita, em São Paulo.

do interior do país, como a embolada, o coco, a toada e o cateretê gozavam de grande simpatia nos saraus da classe média carioca.

O conjunto fora fundado após a visita ao Rio, em janeiro de 1927, do grupo pernambucano *Turunas da Mauriceia*, que fizera sucesso no coração da República cantando diversas emboladas. Com o nome original de *Flor do Tempo*, ele reunia músicos como Henrique Foréis Domingues (já então conhecido como *Almirante*[38]), Álvaro Miranda Ribeiro (o *Alvinho*) e Carlos Braga (o *Braguinha*[39]), filho do diretor da fábrica de tecidos Confiança (a mesma que aparece como cenário do clássico samba "Três Apitos", de Noel), o qual, para não envolver o nome de um abastado industrial com as lides da música popular (sempre estigmatizada pelo olhar preconceituoso das elites), logo adotaria o pseudônimo de *João de Barro*, sob o qual se tornaria bastante famoso na história da MPB. Por esse motivo, ele seria o único do grupo a fazer jus ao nome, já que os *tangarás* são "um grupo de pássaros que dançam e cantam formando roda com um deles ao centro".[40]

---

38 Nascido em 1908 e morto em 1980, Almirante foi uma das figuras mais versáteis da vida cultural carioca. Músico e compositor consagrado, ele exerceu também a função de radialista, com a qual contribuiu em muito para o desenvolvimento da nossa linguagem radiofônica, além de ocupar-se das lides de jornalista (com colunas diárias em vários periódicos fluminenses) e escritor (autor, por sinal, de uma das fontes biográficas consultadas por este autor: *No tempo de Noel Rosa*).

39 Carlos Alberto Ferreira Braga, o Braguinha, que nasceu em 1907 e morreu há pouco tempo, em dezembro de 2006, foi um dos maiores compositores populares do país, autor de marchinhas e canções memoráveis, como Pirata da Perna de Pau, Chiquita Bacana, Touradas de Madri, Balancê e As Pastorinhas (sem esquecer a letra de Carinhoso, de Pixinguinha), gravadas por artistas de várias gerações, desde Orlando Silva, Ângela Maria e Dalva de Oliveira, até Elis Regina e Gal Costa.

40 Cf. ALMIRANTE, obra citada, p. 43.

Em maio de 1929, o *Flor do Tempo*, que naquele ano viria a chamar-se *Bando de Tangarás*, tem a chance de gravar suas primeiras canções – "Galo garnizé" (embolada) e "Anedotas" (cateretê) –, ambas compostas por Almirante. Noel, a convite do grupo, também participa do disco, que representa um estímulo significativo para sua carreira musical. Em julho, na *Noite Regional Brasileira* promovida pelo Tijuca Tênis Clube, ele apresenta ao público a sua primeira composição, a embolada "Minha Viola" (*"Minha viola / Tá chorando com razão / Por causa de uma marvada / Que roubou meu coração"*), em que se reconhece de imediato a influência dos ritmos caipiras no horizonte musical do poeta vila-isabelense.

Como veremos mais adiante, a consolidação da rádio no limiar dos anos de 1930, após a tímida aparição do veículo nos primeiros anos da década de 1920, abria um espaço até então inconcebível para a difusão dos artistas populares junto ao público. Já há ao menos cinco emissoras de razoável audiência no Rio (a pioneira Rádio Sociedade, fundada em 1923, a Rádio Clube do Brasil, a Mayrink Veiga, a Educadora e a Philips) e atrações de grande apelo popular, como o *Programa Casé*, na Philips, em que, sob o comando do radialista Ademar Casé, músicos e cantores como Donga, João de Barro, Pixinguinha, Francisco Alves, Mário Reis, Marília Batista e Vicente Celestino se apresentam a partir de fevereiro de 1932.

Com uma aguçada percepção do processo em curso, Noel se dá conta de que a rádio se tornaria um componente de peso na incipiente indústria cultural do país, repetindo entre nós o fenômeno que já ocorria nos Estados Unidos, o grande responsável pela Paideia audiovisual do século 20. "As meninas do bairro já não tinham como único e invariável assunto os galãs de cinema. Muitas já se esqueciam do Ramón Novarro, do John Gilbert e outros amantes da tela e falavam dos 'ases' do rádio. Compenetrei-me de que era preciso entrar para o rádio" – diria o próprio Noel à época.[41] Depois da vertiginosa ascensão do cinema, com que Hollywood logra penetrar de forma avassaladora no imaginário coletivo urbano, instaura-se com igual vigor a "era do rádio", cujo longo reinado só começará a declinar três décadas mais tarde, no decurso dos anos de 1960, quando a televisão (implantada no Brasil em 1950, também sob a chancela técnica e comercial dos EUA[42]) dispuser de maiores recursos e infraestrutura para difundir-se por todo o território nacional.

Em 1931, ano em que ingressa na Faculdade de Medicina, o compositor já ostenta em seu singelo currículo mais de 20 músicas gravadas, muitas das quais obtêm considerável sucesso, sobretudo o hilariante samba do "Gago apaixonado", em que Noel tartamudeia os versos da canção como se realmente padecesse de uma terrível

41 In: *Noel Rosa*. Nova História da Música Popular Brasileira. 2ª ed. São Paulo: Abril, 1976, p. 5.

42 Não há como ignorar o papel dos Estados Unidos na expansão dos meios de comunicação na América Latina. Esse fenômeno está diretamente associado ao projeto de hegemonia política, comercial e ideológica dos EUA sobre a região desde as primeiras décadas do século, conforme tão bem atestam seus investimentos em Cuba, verdadeiro laboratório estadunidense no Caribe, que em 1933 já contava com 52 emissoras de rádio, número bastante superior aos de outros países latinos, como Brasil (22) e Argentina (17), e só inferior aos dos EUA (625), Canadá (77) e Rússia (68). Segundo os dados fornecidos pelo Escritório Telegráfico Internacional de Berna e divulgados pela revista Radio Guía, em junho de 1934, o número total de emissoras no planeta era de 1.203. Por outro lado, a implantação do serviço televisivo também será totalmente patrocinada pela indústria *yankee*, que transfere equipamentos e tecnologia para Brasil, Cuba e México – os três países em que, no ano de 1950, por interesses estratégicos do novo império, os primeiros canais são inaugurados.

gagueira ("Mu... mu... mulher, em mim fizeste um estrago, / Eu de nervoso esto... tou fi... ficando gago"), além da antológica "Com que roupa?", sucesso estrondoso no carnaval daquele ano, que há de inspirar inúmeras paródias e servirá de tema a vários 'reclames' comerciais de lojas de roupas, artigos carnavalescos e itens esportivos.[43] Além das atividades com os *Tangarás,* o jovem Rosa, que mal completara 21 anos, integrará ainda, em 1932, o prestigioso elenco dos *Ases do Samba,* ao lado de bambas como Chico Viola, Ismael Silva, Mário Reis e Nonô, com os quais viaja a bordo do navio Itaquera para uma série de apresentações no Sul do país (a célebre viagem que lhe rende uma paixão fugaz e o belo samba "Até Amanhã").

Pode-se imaginar, por certo, em meio aos novos rumos que se entreveem para o Poeta da Vila, o quão difícil lhe seria conciliar os estudos da nobre arte de Esculápio com o apelo irresistível da malemolente arte das musas. O próprio Noel, ao ser abordado sobre o tema, confessou a sua indecisão: ele entrara para a faculdade no firme propósito de tornar-se médico, mas não tardou em convencer-se de que a carreira era deveras absorvente, exigindo, em face dos profundos e incessantes estudos, completa atenção do estudante. "Eu devia continuar com o samba, deixando a medicina? Ou devia renunciar ao samba? Era uma alternativa dramática"[44] – e , ele próprio o sabia, sem a menor chance de conciliação.

Assim, para tristeza da família, a Medicina será abandonada logo no primeiro ano do curso. "Perdia-se um mau médico, ganhava-se um bom sambista", escreveram com

[43] O "Gago Apaixonado" é composição de 1930, gravada pelo autor e seu grupo em 1931. "Com Que Roupa?" data de 1929, mas a gravação original, com Noel e o Bando Regional, só ocorre em 1930.

[44] In: *Noel Rosa,* coleção citada, p. 4.

muito gosto os biógrafos.[45] A maior lição que o espirituoso acadêmico colhe daquele efêmero período será talvez o antológico 'samba anatômico' intitulado "Coração", composto no primeiro semestre de 1931 e gravado em 1932, em que Noel, em meio a digressões anatômicas e fisiológicas, brinca com a simbologia do "grande órgão propulsor" do ser humano, além de narrar o inverossímil causo do cidadão "com mania de grandeza e instinto de nobreza" que viajou de Norte a Sul à procura de alguém que lhe enchesse as veias com azul de metileno "pra ficar com sangue azul"...

Palpites felizes e infelizes

O orvalho vem caindo,
Vai molhar o meu chapéu
E também vão sumindo
As estrelas lá no céu...
Tenho passado tão mal:
A minha cama é uma folha de jornal!

(Noel Rosa & Kid Pepe, "O orvalho vem caindo")

A opção pela música foi um palpite felicíssimo do jovem Rosa, que o deixa em paz com a consciência, mas jamais lhe proverá o merecido sustento. De índole nada mercantil e pouco afeito às exigências profissionais – e burocráticas – do seu ofício, Noel viverá os últimos anos de sua vida numa eterna pindaíba, não obstante sua fértil produção musical no período entre 1931 e 1937. Como tantos artistas populares que surgem nessa era supostamente *amadora* da MPB, o cantor padece incontáveis percalços por conta da

[45] *Idem, ibidem*, p. 4.

própria ingenuidade e do desprendimento com que se dedica à sua "ocupação". Embora ainda estivéssemos em uma etapa rudimentar do *show business* e da indústria fonográfica brasileira, as mazelas típicas de nossa experiência periférica de capitalismo já se faziam notar no esquema em que se movia esse incipiente mundo do espetáculo, desde os valores irrisórios dos "contratos" firmados com as gravadoras até a nebulosa questão dos "direitos autorais", até hoje um verdadeiro tabu para qualquer músico nacional.

Os programas de rádio, por exemplo, já repletos de anúncios comerciais, pagavam cachês miseráveis aos artistas. Os convidados do badalado *Programa Casé* recebiam apenas 25$000 (vinte e cinco mil-réis) por semana, o que na época (1932-1934) sequer equivalia ao preço de uma saca do desvalorizado café no mercado nacional.[46] Em sua grande maioria, os músicos não se preocupavam com os parcos valores que lhes cabiam, contentando-se com a chance que possuíam de se reunir na emissora, para cujos anunciantes, inclusive, improvisavam *jingles* melodiosos em meio às próprias apresentações (como fazia Noel, acompanhado de Marília e Henrique Batista, que costumava parodiar estrofes de suas canções para fazer "reclames" da casa Dragão[47]). De resto, viviam de

[46] Segundo dados do economista Celso Furtado, no referido triênio o valor médio da saca de café exportada, que em 1929 valia 4,71 libras, baixou para 1,80 libras (queda de 62%). Em moeda nacional, o produto passou de 192 para 145 mil-réis (ou seja, uma perda de 25%), praticamente três vezes mais do que músicos como Noel e Cartola proporcionavam aos maiorais da rádio (Francisco Alves, Mário Reis e outros) para vender suas composições. Cifras sobre o café: FURTADO, Celso. *Formação econômica do Brasil*. Rio de Janeiro: Fundo de Cultura, 1959. Ver, em especial, o capítulo XXXI – "Os Mecanismos de Defesa e a Crise de 1929".

[47] Cf.: SAROLDI, Luiz Carlos. "O Rádio e a Música". In: *Revista USP* nº 56. São Paulo: USP, dezembro/fevereiro 2002-2003, p. 53. O Dragão era uma famosa loja de utilidades domésticas situada na antiga Rua Larga (atual Av. Marechal Floriano), no centro do Rio, um ponto nobre da cidade

eventuais *shows* em clubes e salões, sendo que muitos, por "amor à música" (como era o caso dos *Tangarás*), recusavam-se a cobrar qualquer cachê por suas apresentações.

Com escassas fontes de renda, não era de se estranhar que gênios como Noel e Cartola se tornassem presas fáceis dos "profissionais" da música, mestres na arte de "comprar" parcerias e de grilar composições alheias. Tal era o caso de Francisco Alves[48], cantor de enorme prestígio, que durante anos aliciou grandes nomes da MPB para, em troca de sua fama e influência sobre as gravadoras, incluir o próprio nome na autoria das canções, o que lhe renderia inesgotáveis dividendos até o fim da vida. O badalado *"Rei da Voz"* formara ao final da década de 1920, ao lado de Ismael Silva e Nilton Bastos,[49] o famoso trio *Os Bambas do Estácio*, que somente se dissolveria em 1931, com a morte deste último. Chico Alves protagoniza uma acirrada polêmica com Ismael, pois o cantor impusera ao sambista, como condição para a gravação dos trabalhos da dupla, que ele próprio constasse nos discos como coautor das obras interpretadas. O compositor, por sua parte, exige

---

no início do século 20, onde se ergue o centenário Colégio Pedro II e o Palácio do Itamaraty.

48 Mais conhecido como "O Rei da Voz", Francisco de Morais Alves nasceu em 1898, no Rio de Janeiro, e morreu em 1952, por conta de um trágico acidente de carro em Pindamonhangaba (SP). Ao longo da carreira, interpretou canções dos mais renomados compositores da MPB, como Ary Barroso ("Aquarela do Brasil"), Dorival Caymmi ("Marina"), Lupicínio Rodrigues ("Nervos de Aço") e Orestes Barbosa ("Por Teu Amor"), além do próprio Noel Rosa, Ismael Silva e Nilton Bastos.

49 Mílton de Oliveira Ismael Silva (1905-1978) é autor de grandes clássicos do samba ("Se você jurar", "Antonico") e viveu boa parte da vida no bairro do Estácio, onde em 1928, ao lado de outros sambistas, como Bide e Baiaco, fundou o bloco precursor da primeira escola de samba carioca, a "Deixa Falar". Seu grande parceiro antes de Noel Rosa foi Nilton Bastos (1899-1931), autor do sucesso "O Destino é Deus Quem Dá", que, a semelhança de Noel, morre precocemente de tuberculose.

que o nome do fiel parceiro também apareça nos selos, de sorte que nunca se saberia de forma precisa quem era o autor de cada canção.

A aproximação de Chico Alves com Noel se dá após a dissolução dos *Bambas*, em 1931, e a criação dos *Ases do Samba*, de que participam o cantor Mário Reis e o bem-humorado compositor Lamartine Babo.[50] O Poeta da Vila já tentara estabelecer contato com Chico nos tempos de São Bento (onde, aliás, Lamartine também estudara), mas o cantor não lhe dera muita atenção. Com o passar dos anos, porém, Francisco Alves não teria mais como ignorar Noel, a quem ele encontra com frequência nos bares de Vila Isabel e arredores. Os dois moram no mesmo bairro: Chico na Rua Justiniano da Rocha, a segunda à direita do Boulevard, e Noel logo adiante, na Teodoro da Silva, do outro lado da 28 de Setembro. O compositor em breve se torna um membro a mais dos *Ases*, com o qual viaja ao Sul do país no primeiro semestre de 1932, naquela pitoresca excursão que inspirou os versos de "Até Amanhã".

Noel, Ismael e até mesmo Cartola,[51] com quem o Poeta da Vila cultiva uma espontânea camaradagem desde o

---

50 Mário da Silveira Meireles Reis (1907-1981), também conhecido como o Bacharel do Samba, foi um dos mais populares cantores da "era do rádio", gravando vários sucessos de Lamartine, Ismael e Noel. Já Lamartine de Azeredo Babo (1904-1963) se tornou famoso pelas irreverentes marchinhas carnavalescas ("O Teu Cabelo Não Nega", "Linda Morena" e outras) e por sua afeição ao futebol (era torcedor fanático do América), que o fez compor os hinos dos onze clubes cariocas de sua época.

51 Angenor de Oliveira, o Cartola (1908-1980) foi um dos maiores sambistas cariocas, vinculado desde cedo à Mangueira, escola de samba que ele consagrou em várias de suas músicas. É autor de diversos clássicos da MPB, como "As Rosas Não Falam" e "O Mundo é um Moinho", além de canções em parceria com o próprio Noel Rosa ("Tenho um Novo Amor"), Carlos Cachaça ("Alvorada", "Quem Me Vê sorrindo"), Dalmo Casteli ("Corra e Olhe o Céu"), Élton Medeiros ("O Sol Nascerá") e outros.

início da carreira (o mangueirense, inclusive, chega a batizar com um sucesso do parceiro – *Com Que Roupa?* – um grupo musical criado no morro), estarão sempre expostos ao assédio 'empresarial' de Chico Alves, uma relação que, por certo, suscitará muitas rusgas e ressentimentos entre eles. Didier e Máximo nos contam passagens quase tragicômicas desse imbróglio, como aquela ocasião em que, sentados em um banco do Largo do Maracanã, sem dinheiro nem para tomar uma cerveja no bar, os dois sambistas veem surgir na esquina o avarento Chico, ao qual, timidamente, decidem pedir um vale por futuras canções que lhe repassarão com direitos exclusivos de execução. Em lugar da usual negativa, o ganancioso cantor decide aproveitar-se da penúria dos artistas e lhes faz uma proposta acintosa: 50 mil-réis para cada um, em troca de um samba de cada autor, feito naquela mesma hora. Surpresos, os dois parceiros, duros como um pau de galinheiro e loucos por uma cerva, terminam por aceitar a oferta. Cartola, com a ajuda de Noel, compõe "Qual Foi o Mal Que Eu Te Fiz?"; e este, de supetão, escreve letra e música de "Estamos Esperando", samba no qual, com a sua peculiar veia metalinguística, não deixa de aludir à constrangedora situação que protagoniza:

E este samba que fiz de parceria,
Depois de feito não é dele nem é meu.
Escuta o violão que está gemendo,
Suas cordas vão dizendo
Que este samba é só teu
(Até amanhã...)

Os pesquisadores fazem questão de ressaltar que o *Rei da Voz* mantém um tipo de relação comercial com cada compositor. As transações com Cartola "são diferentes das que faz, por exemplo, com Ismael Silva": este se habituara a conceder-lhe coautoria nas músicas, mas aquele lhe cede apenas a prioridade na gravação. Noel, por sua vez, "pouco se importa em dar ou não parceria", nem tampouco faz questão "de ver seu nome no selo do disco".[52] Em uma entrevista a *O Globo*, em 31 de dezembro de 1932, ele próprio chega a declarar:

> Pergunta-se na cidade constantemente: há compositores que compram samba? Eu posso afirmar que há. Falo por experiência própria. Já vendi muitos sambas. Você achará graça quando eu disser que vendia os sambas exclusivamente pelo prazer de vê-los gravados.
>
> Os sambas que eu vendia surgiam nos discos como sendo dos compradores. Mas eu não me importava. O essencial era ter certeza que os sambas me pertenciam. Todo o resto era acessório. Dizia-se nas ruas: "O samba de fulano é ótimo". Eu me enchia de orgulho, embora o elogio fosse para o homem que me comprara o samba. Assaltava-me às vezes o desejo de sair gritando, tanto era o meu orgulho: "Isso é meu".

Como se vê, ser parceiro de Noel – e de tantos outros músicos dos anos dourados da MPB – sempre foi um bom negócio, do qual se aproveitaram não apenas os cantores-empresários, como também oportunistas de diversas laias, desde um grosseiro boxeador, como o tal Kid Pepe que aparece nos créditos de "O Orvalho Vem Caindo", até um modesto comerciante, como aquele dono de hotel a quem o sambista Nélson Cavaquinho ofereceu 'parceria' em troca de uma noite de sono. Condescendente com uns, magoado

---

[52] DIDIER & MÁXIMO, obra citada, p. 253.

Nesses anos de insidiosa ação da enfermidade, o cantor padeceria também a triste sina da loucura paterna: já nos idos de 1934, o pobre seu Medeiros, cada vez mais abatido com as invenções que nunca dão certo, desinteressa-se de tudo e passa a acalentar a ideia fixa do suicídio.[54] Dona Marta frustra-lhe a primeira tentativa, mas sente-se incapaz de vigiá-lo e de suportar os surtos maníaco-depressivos do marido. A família se reúne e, com a ajuda de *Eduardinho* e os parcos cobres de Noel, decide interná-lo na Casa de Saúde da Gávea, onde, a 800 mil-réis por mês, Manuel Rosa viverá seus últimos dias, até enforcar-se no próprio quarto com o lençol da cama. Esse incidente na vida do artista o impressiona vivamente – e resulta em um estigma que justificará mais adiante uma curiosa analogia com Lima Barreto, o escritor que, após o pai enlouquecer, também abandona a faculdade sem receber seu diploma, dedicando-se a narrar, com estilo quase hostil à pompa de seus pares, os delírios de poder desta nossa alucinada Bruzundanga...

Em compensação, Noel Rosa também colecionaria parceiros e intérpretes sem igual, que o ajudam a tornar-se ainda mais popular e admirado, a despeito de tantas adversidades e penúrias. Pródigo e criativo, ele compôs com vários músicos de talento, às vezes em parcerias mais duradouras, como seria o caso de Cartola, *Braguinha* e Lamartine, outras vezes em uma única ocasião, como ocorreria em 1933 com André Filho ("Filosofia") e Orestes Barbosa ("Positivismo"), ou em 1935 com Heitor dos Prazeres (cujo fruto foi a deliciosa marchinha "Pierrot Apaixonado", escrita para o filme *Alô,*

[54] Em entrevista a Carlos Didier e João Máximo, Almirante relata uma visita ao chalé e descreve com detalhes o estado de alienação mental do velho Rosa. Cf. DIDIER & MÁXIMO, *op. cit.*, p. 331.

Alô, Carnaval). Com Vadico,[55] em particular, ele estabelece uma profícua relação musical, que legará ao público clássicos inigualáveis como "Feitio de Oração", "Feitiço da Vila", "Pra Que Mentir" e "Conversa de Botequim", em que letra (quase sempre a cargo de Noel) e música (atributo natural, mas não exclusivo de Vadico) se complementam com rara harmonia. Cantor apenas mediano, ele confiará a Marília Batista e Aracy de Almeida[56] a interpretação de um semnúmero de canções: aquela, conforme já dissemos, tornara-se uma fiel companheira desde os tempos do *Programa Casé*; esta ele conheceria mais tarde, na Rádio Educadora, onde Aracy debutava cantando um sucesso de Carmen Miranda – e depois, a convite de Noel, estrearia também na esbórnia, bebendo com seus amigos na Glória até altas horas...[57]

Assim era Noel Rosa. Supunha que, por nascer "pobre e feio", seria triste o seu fim (*meu Deus do céu, que palpite infeliz!*);

55 Osvaldo Gogliano, o Vadico, nasceu em São Paulo, em 1910, e morreu em 1962. Além da parceria com Noel, construiu sólida carreira musical, vivendo largo período nos EUA, onde compôs trilhas sonoras para o cinema (entre elas, o famoso encontro de Donald e Zé Carioca, que Walt Disney produziu no auge da Guerra Fria), foi pianista de Carmem Miranda e tocou com o Bando da Lua.

56 A cantora e compositora carioca Marília Monteiro de Barros Batista (1918-1990) foi de fato uma das maiores intérpretes de Noel, com o qual ela própria gravou seis grandes sucessos: "De Babado", "Cem Mil-Réis", "Provei", "Quantos Beijos", "Você Vai Se Quiser" e "Quem Ri Melhor". Já a cantora e atriz Aracy Teles de Almeida (1914-1988), que ao final da carreira se destacou como jurada do Programa Silvio Santos, tornou-se a grande divulgadora do artista após sua morte, gravando, entre outras, as canções "Último Desejo", "Feitiço da Vila", "Filosofia", "Com Que Roupa?" e "Três Apitos".

57 Vale a pena transcrever o depoimento de Aracy: "– Noel me cumprimentou dizendo ter gostado muito da minha maneira de cantar e me convidou para sair. E lá fui eu com ele e os malandros seus conhecidos, para a Taberna da Glória, onde bebemos até às quatro da manhã. Naquele dia, quando cheguei em casa estava realmente bêbada e levei uma tremenda bronca." Cf.: *Noel Rosa, op. cit.*, p. 11.

ao crescer, porém, por piedade dos deuses, "a *bossa* veio" e ele reescreveu seu destino com engenho e poesia. Entre tantos palpites felizes ou infelizes, o artista da Vila comporá uma obra de raro significado para a MPB e para a própria cultura popular deste país, em que a sensibilidade do poeta se mescla à argúcia do cronista, logrando não só descrever aspectos singulares de seu meio e de sua época, como também captar e traduzir em música as metamorfoses mais profundas de Bruzundanga. Como veremos nos próximos capítulos, o *poeta-cronista* Noel contribuiu como poucos para a ampliação das fronteiras da música popular brasileira. Por um lado, ele foi um autêntico pioneiro na conjugação dos ritmos que pulsavam no "morro" e na "cidade", intuindo com extraordinária clarividência as transformações que sofreria o próprio samba mediante o contato com as *bossas* cá de baixo, ou a implacável metamorfose imposta ao *malandro* depois que a "civilização" começasse a subir a favela, "levando as suas coisas boas e as suas coisas péssimas".[58] Por outro, deu-se conta muito precocemente da inevitável emersão dos elementos urbanos no seio de nossa cultura popular – e potencializou-os o quanto pôde, em meio a uma experiência periférica de modernidade ainda repleta de ícones rurais cultivados ao longo de quatro séculos de formação patriarcal e regime agroexportador.

Por isso, não hesitamos em inscrevê-lo nesta singela galeria de grandes personagens do povo brasileiro, a que o presente ensaio se associa, rendendo redobrada homenagem ao Poeta da Vila e ao Cronista do Brasil, cujas melodias e versos, além de tocar a alma, também nos brindam um

[58] Entrevista do compositor a *O Globo*, 31/12/1932. In: *Noel Rosa*, obra citada, p. 9.

precioso antídoto contra a ladainha modorrenta dos donos do poder, mestres no dom de iludir e na velha arte de *mudar para não mudar.* Os próprios astros se incumbiram caprichosamente de registrar sua meteórica passagem entre nós com o brilho de dois cometas: o tenso desembarque se dá no rastro do prodigioso *Halley*, em dezembro de 1910, em plena República Velha, e a triste despedida, em maio de 1937, às vésperas do Estado Novo, se faz acompanhar do discreto *Hermes*, a quem a mitologia grega honra com o epíteto de mensageiro dos deuses. Não seria exagero, decerto, nomeá-lo o poeta-cronista dessa era de sutil transição em Bruzundanga. Contudo, nesses 27 anos, Noel talvez tenha sido apenas isso: um facho de luz que traduziu em música as ilusões e desilusões dos homens, sem jamais desviar-se de sua rota.

CAPÍTULO 2

UM *BAMBA* NA PERIFERIA DA MODERNIDADE

De Bruzundanga ao Boulevard, os descaminhos da *Belle Époque*

Peguei o bonde, passei no Boulevard
E a "Confiança" é doce recordar (bis)
"Os três apitos" cantados por Noel
Ainda ecoam pela Vila Isabel

(G.R.E.S. Unidos de Vila Isabel, "Muito Prazer, Vila Isabel de Bragança e Drummond Rosa da Silva, Mas Pode me Chamar de Vila"[59])

O Brasil das primeiras décadas do século passado ainda era um país bastante provinciano, que, apesar dos fumos de modernidade, estava longe de desvencilhar-se das velhas estruturas oligárquicas que provinham do antigo regime colonial. À feição daquela imaginária Bruzundanga descrita pela veia satírica de Lima Barreto, a economia nacional assentava-se sobre a secular empresa agroexportadora e a população rural continuava a representar a expressiva maioria de uma nação que, em 1930,

[59] Samba-enredo composto por Vilani Silva Bom Bril, Evandro Bocão e André Diniz para o desfile de 1994 no Grupo Especial do carnaval carioca.

possuía pouco mais do que 37 milhões de habitantes, dos quais cerca de 60% eram completamente analfabetos.

A despeito do surto de industrialização que o curso sinuoso da conjuntura internacional estimula em zonas periféricas do planeta (inclusive nas nações mais populosas da América Latina, como Brasil, México e Argentina), continuávamos a ser, essencialmente, o país do *Jeca-Tatu*. É claro que a expansão das fábricas desde o conturbado período da Primeira Guerra Mundial, em que a retração do comércio mundial impõe o princípio da *substituição de importações*, favorece o incipiente processo de urbanização deflagrado na *Belle Époque*,[60] cujo marco significativo havia sido o amplo ciclo de remodelação urbanística promovido por Pereira Passos durante a sua gestão como Prefeito do Rio de Janeiro (1902-1906).[61]

A mudança do cenário urbano reeditava um modelo que as zonas periféricas do Ocidente haviam importado da Paris

---

[60] Em sua língua original, o termo *Belle Époque* designa uma etapa específica da história francesa, entre o final do século 19 e o início da Primeira Guerra Mundial, marcada pela remodelação da paisagem urbana, a criação de novas tecnologias e o incremento da vida artística e cultural, com alguns ícones especiais como o cinema e os cabarés. No Brasil, por certo, o período é mais tardio: inicia-se com a Proclamação da República, em 1889, e estende-se até a fase subsequente à Semana de Arte Moderna (1922), em que os novos valores propostos pelos modernistas corroem os velhos ideais estéticos.

[61] Registre-se, em especial, a demolição de mais de 600 casas para a construção da célebre Avenida Central (atual Rio Branco), ao longo da qual se instalariam algumas das principais instituições da capital, tais como o já centenário Teatro Municipal, a Biblioteca Nacional e o suntuoso Palácio Monroe, que sediou a Câmara dos Deputados e o Senado Federal. A iniciativa do Prefeito ficará gravada na memória popular sob o contundente epíteto do "Bota abaixo". De fato, apesar das melhorias sanitárias que atenuam as mazelas de uma cidade infestada de epidemias, o custo social do processo é muito alto: os 1.600 imóveis demolidos elevam o custo do solo e o preço dos aluguéis, expulsam as classes populares para o subúrbio e favorecem a ocupação desordenada das áreas montanhosas do centro, como o Morro da Providência e o de Santo Antônio, o que fará das favelas a marca registrada da fisionomia urbana do Rio já ao início do século 20.

do século 19, inspirado nas reformas que o Barão Haussmann realizara sob o governo de Napoleão II. Contudo, não era capaz de dissolver de imediato a forte presença dos elementos agrários no imaginário coletivo nacional, consolidada por meio de uma história socioespacial em que a figura do grande proprietário rural, ícone maior do país da *casa-grande & senzala*, ainda pairava poderosa nos sertões tupiniquins.

Depois de séculos reinando nas fazendas, os *coronéis* nordestinos e os poderosos *barões do café* do Sudeste vinham instalar-se nas capitais, até então uma pálida antevisão do que seriam metrópoles como Rio e São Paulo nos umbrais do século 21, após a violenta reordenação espacial do país nas décadas de 1960-1980. Em 1930, por exemplo, quando Getúlio Vargas toma o poder e a burguesia paulista arregimenta forças contra o caudilho dos pampas, a capital bandeirante possuía 822.400 habitantes, o que não representava sequer 10% da população que ela abrigaria menos de 70 anos depois.

A literatura brasileira apreendeu muito bem esse processo, deflagrado desde as primeiras décadas do século passado. O *modernista* Mário de Andrade, que viveu em São Paulo entre o final do século 19 e a primeira metade do século 20, foi uma testemunha privilegiada da transição *lenta e gradual* que a burguesia paulista sofreu ao longo da *Belle Époque* e da chamada "República Velha". Nas páginas de *Amar, verbo intransitivo* (1927) ele nos relata a história da família Sousa Costa, cujo patriarca é um rico pecuarista que deixa a casa da fazenda para morar em uma mansão no bairro mais tradicional de São Paulo: Higienópolis.[62] Em seguida, ele

[62] Até a projeção dos "Jardins", ao final do século 20, Higienópolis foi sem dúvida um dos bairros mais aristocráticos de São Paulo – e qualquer associação entre a mansão dos Sousa Costa e as vilas que as famílias

contrata uma preceptora para seu filho primogênito, uma professora alemã de origem prussiana, paradigma perfeito de educação para as classes dominantes desta terra ("Mas não tem dúvida: isso da vida continuar igualzinha, embora nova e diversa, é um mal. Mal de alemães."[63]). Fräulein Elza, porém, não deveria apenas ministrar aulas de latim clássico ou de música: ela estava encarregada de dirigir a iniciação sexual do impetuoso Carlos, porque o pai não o via como um adolescente, mas sim como um touro de raça que não pode degenerar suas crias.

No imponente palacete, os valores rurais povoam as pautas de vida ditadas pelo *pater familiae*. O ritmo do mundo patriarcal transfere-se para a cidade e o universo agrário mantém-se vivo em um imaginário que continua a referenciar-se no poder do latifúndio (os gastos com Elza são comparados às despesas com o touro reprodutor). Curiosamente, o romance apresenta uma linguagem moderna, com referências constantes às novidades vindas do exterior: os estúdios de Hollywood, as revistas de variedades e a rádio difundem novos padrões estéticos e novos costumes. Até a cultura *yankee*, que o cinema e a música propagam, se insinua pelo casarão paulistano ("– Estava ensinando o *shimmy* pra ela, mamãe! Você não viu a Bebê Daniels?"[64]). No entanto, o deslocamento para a metrópole não representa uma ameaça à preservação do legado

tradicionais (Matarazzo, Penteado, Almeida Prado etc.) edificavam na capital não terá sido mera coincidência.

63 ANDRADE, Mário de. *Amar, verbo intransitivo*. São Paulo: Círculo do Livro, [s/d], p. 15.

64 ANDRADE, obra citada, p. 11. O termo *shimmy*, em inglês, designa certo movimento acelerado e alternado dos ombros e quadris, típico de um gênero de dança e sapateado que surge com a música negra nos clubes noturnos dos EUA, ao final da década de 1910.

agrário: por ora, o solar urbano demarca tão somente uma zona de segurança onde se processa a adaptação a uma nova ética e uma nova moralidade.

Se compararmos aquela São Paulo provinciana com a cosmopolita Buenos Aires dos anos 1920-1930, compreenderemos um pouco mais o Brasil da primeira metade do século 20. De 1914 a 1936, a população portenha passa de 1,5 para 2,4 milhões de habitantes. Em 1930, a capital argentina já possui uma rede completa de eletricidade e o país registra apenas 6,64% de analfabetos, graças à ampla rede de ensino básico implantada e o extraordinário estímulo à leitura. Sob o impulso da indústria editorial, surgem grandes coleções (como *La Biblioteca Argentina*) e edições de baixo custo dos "clássicos" escolares obrigatórios, além da impressão massiva de narrativas sentimentais, cujas tiragens alcançam a casa dos 300 mil exemplares (números absolutamente inimagináveis para o Brasil da década de 1920, onde Monteiro Lobato, o pai do *Sítio do Pica-pau Amarelo,* realizava a proeza de vender 120 mil livros por ano). A classe dominante local, por sua vez, já estava precocemente radicada na metrópole e exibia um caráter bem multifacetado, típico de sua vocação urbana e mercantil: ela comprava e vendia terras, operava na Bolsa de Valores, exercia múltiplas atividades. Convertera-se, enfim, em uma elite dinâmica e flexível, bem ajustada aos padrões europeus. Por isso, desde cedo se impõe entre nossos vizinhos a peculiar *cultura de mezcla,* síntese das diversas contradições que se entrelaçam às margens do Rio da Prata (imigração x *criollismo,* tradição x renovação etc.), algo ainda inconcebível para o Brasil (não por acaso, Mário de Andrade concederá a *Macunaíma,* esse suposto símbolo da nacionalidade, o sugestivo epíteto de "herói sem nenhum caráter").[65]

O Rio de Janeiro de Noel Rosa e de outros *bambas* constitui, por sua parte, um cenário ainda mais peculiar, onde não só o rural e o urbano, ou o provinciano e o cosmopolita, mas sobretudo o "morro" e a "cidade" (versão bem carioca da dialética relação entre *margem* e *centro*), estabelecem pautas de vida e valores sociais. É interessante a descrição que Carlos Didier e João Máximo[66] fazem dos saraus familiares em distintas áreas da cidade, logo ao início da década de 1920, seja no âmbito das letras, seja na esfera musical. Nos salões das elites, à beira-mar, a "nata" da sociedade carioca recitava os poetas românticos europeus e os grandes nomes do Simbolismo francês (Rimbaud, Verlaine, Mallarmé), ignorando totalmente as "novidades" que haviam escandalizado a burguesia paulistana na badalada *Semana de 22* e relegando a segundo plano os autores nacionais, inclusive parnasianos como Olavo Bilac e Raimundo Correia. Nos chalés da zona Norte, entretanto, onde vivem diferentes estratos da classe média, a poesia nacional ocupa lugar de destaque e Bilac é seu maior expoente, havendo também espaço para a lírica doméstica – os versos "improvisados ao luar".

Quanto à música, a distância entre a elite, a classe média e o morro é ainda maior. Na zona Norte, ouve-se ao piano Liszt e Chopin, ao lado de Ernesto Nazareth, Chiquinha Gonzaga e até novos nomes como o paulista

---

65 Ver, a respeito, LEITÃO, L. R. "Brasil y Argentina: dos experiencias periféricas de modernidad". La Habana: *Casa de Las Américas*, nº 207, 1997, pp. 120-123; e, ainda, SARLO, Beatriz. *Una modernidad periférica: Buenos Aires 1920 y 1930*. Buenos Aires: Nueva Visión, 1988.

66 Ver, a respeito, DIDIER & MÁXIMO, obra citada, pp. 49-50.

Eduardo Souto. Há valsas, tangos brasileiros, choros estilizados, lundus e ritmos afins, além das serestas de Catulo da Paixão Cearense e outros. A zona Sul cultiva o *bel canto,* as árias de ópera em italiano, canções importadas e peças ao piano de Liszt e Chopin. Além disso, dança-se a valsa e a polca, difundem-se novos ritmos dos EUA (o *fox-trot* , o *charleston,* o *shimmy*), mas rechaça-se a ousadia e "mau gosto" do maxixe e do sensual *corta-jaca,* embora até uma primeira-dama já tivesse interpretado ao violão a peça homônima de Chiquinha Gonzaga. Sobre o episódio, aliás, a criativa escola de samba União da Ilha do Governador compôs, em 1981, um saboroso samba-enredo:

E no palácio do Catete
Com seu violão num dedilhado
Dona Nair de Teffé
Tocava Chiquinha Gonzaga
Provocando um movimento musical
Rui "Barboseava" no senado
Dizendo ser grosseira
A música popular brasileira
Num requebrado bem apertado
O corta-jaca eu dancei (bis)
Cortajacando bem gostoso num roçado
Foi tudo um sonho, eu acordei[67]

[67] "1910: Burro na Cabeça", samba composto por Franco, Barbicha, Jangada e Dazinho para o desfile da União da Ilha no I Grupo (atual Grupo Especial) do carnaval carioca, em 1981. Nair de Teffé von Hoonholtz (1886-1981) foi a segunda esposa do presidente da República Hermes da Fonseca, com quem se casou em 1912. Cantora, pianista e pintora, era mulher muito à frente do seu tempo: a ela coube organizar, em 1914, o recital de estreia da peça escrita por Chiquinha Gonzaga, outra artista que escandalizaria o público conservador com sua ousadia estética e social.

A música popular, como de praxe, era motivo de forte preconceito. O fenômeno era mais do que previsível em uma sociedade recém-saída do regime escravista mais longo das Américas, em que a cultura afro-americana continuava a ser perseguida e estigmatizada. Não era de se estranhar que um político pedante e reacionário como Ruy Barbosa, célebre por defender os interesses da elite agromercantil vinculada ao capital estrangeiro, viesse a atacar com virulência os ritmos envolventes que se cultivam nos bairros mais pobres, nos morros e subúrbios em que vive a população negra e mestiça da cidade (sobretudo no próprio centro, onde se refugia boa parte das vítimas do "Bota-abaixo", desde a Cidade Nova até os Morros da Gamboa e da Providência, berço das primeiras favelas[68]). Aí se canta e se toca o samba, organizam-se rodas de batucada e mesclam-se novos gêneros, em que tanto prevalecem os instrumentos de percussão, quanto, no caso dos grupos de *choro*, desponta a base de violões, flauta e cavaquinho. Isso sem falar no "obsceno" maxixe e nos tambores com que se entoavam os pontos de macumba, severamente reprimidos pela polícia do então Distrito Federal.[69]

[68] José Pedro Machado, em seu *Dicionário onomástico etimológico da língua portuguesa*, explica que "favela é designação de arbusto que Euclides da Cunha diz pertencer à família das leguminosas, tal como fava". Para esclarecer o novo sentido da palavra, vale-se do *Dicionário Etimológico da Língua Portuguesa* de Antenor Nascentes: ela apareceu "depois da campanha de Canudos (1896-1897)"; à falta de moradias, veteranos das expedições militares solicitam do Ministro da Guerra permissão para construir suas casas no morro da Providência, um sítio privilegiado da capital, por conta de sua localização entre o porto e as grandes avenidas. "Daí por diante o morro, seja como recordação da campanha, seja por alguma semelhança de aspecto, ou por estar sobranceiro à cidade, como o de Canudos, passou a chamar-se da Favela, nome que se tornou por assim dizer nacional."

[69] DIDIER & MÁXIMO, *op. cit.*, p. 50.

É claro que havia matizes singulares em cada área. Na Praça Onze de Sinhô e Tia Ciata, os batuques do samba acusavam a influência do maxixe. No Estácio de Ismael Silva, de quem Noel iria aproximar-se, ouvia-se outro tipo de samba, que era tocado nos blocos, como o "Deixa Falar", com uma batida semelhante à das marchas, acompanhada por instrumentos de percussão. Esse ritmo, que tanto agradava ao Poeta, foi assimilado por vários morros cariocas, desde a Favela e a Saúde, no Centro, até o Salgueiro (na Tijuca), a Mangueira e o Morro dos Macacos (em Vila Isabel).

O bairro de Noel, diga-se de passagem, é um caso à parte nesta sociocartografia musical. A Vila reunia, ao longo do Boulevard 28 de Setembro e em suas principais transversais, uma súmula do que era aquela ampla região da zona Norte no ocaso da *Belle Époque*. O cantor gostava de dizer, não sem razão, que, olhando aquelas esquinas boêmias e vendo sambar o arvoredo, seu pensamento se alongava e ele pensava que a cidade inteira era Vila Isabel. Talvez tivesse razão. Afinal, os vizinhos possuíam traços bem diversos, que em maior ou menor grau a Vila incorporava. A Tijuca, por exemplo, já era terra de "ricos e remediados", cujo único sonho era subir ainda mais na escala social; o Andaraí possuía um perfil mais proletário, com várias fábricas e vilas operárias; o Engenho Novo exibia ares provincianos, com cadeiras pelas calçadas e olhos curiosos a espiar a passagem dos trens; e o Grajaú era quase deserto, com terrenos loteados que só depois abrigariam suas casas de classe média. Além desse entorno, havia ainda os morros da Mangueira e dos Macacos, de barracos bem toscos e de gente ainda mais humilde, mas cujo *batuque* era um autêntico privilégio, pois, como reza a canção, "sambar é chorar de alegria e sorrir de nostalgia dentro da melodia".

Carlos Didier e João Máximo identificam nessa heterogênea composição social três grupos de habitantes do bairro: os tipos mais respeitados, como o médico, a professora e o padre; as figuras marginais, que incluem os bicheiros, os malandros, os jogadores de sinuca e carteado, os bêbados e os mendigos, com os quais Noel conviverá sem nenhum pejo ou restrição; e os tipos comuns, como as donas de casa, os estudantes e os trabalhadores de toda sorte, desde os motorneiros dos bondes até os leiteiros, padeiros e outros vendedores de rua (que, por sinal, ainda hoje circulam pelas vias mais calmas do bairro).[70]

Não se pode afirmar, contudo, se é por tamanha variedade humana, ou quiçá pela diversidade do entorno, que nas esquinas e bares do Boulevard encontram abrigo tantos músicos e seresteiros, boa parte deles filhos do próprio bairro, a conviver com artistas como Nássara e poetas do prestígio de Orestes Barbosa. *São Paulo produzia café, Minas fazia queijo e a Vila Isabel já dava samba...* Pois foi assim, mercê a uma tradição que perdurará por várias décadas (que o digam os saudosos Ataulfo Alves, Clementina de Jesus e Jamelão, ou, mais recentemente, Nei Lopes, Martinho da Vila e Mart'nália), que Noel Rosa se iniciou, sem o menor preconceito, no vasto território da música, em que a Vila é por certo a estação mais querida, mas está longe de ser a única no coração generoso do Poeta.

[70] *Idem, ibidem*, p. 39.

Primeira parada: Província Independente de Vila Isabel

Quem é você que não sabe o que diz?
Meu Deus do céu, que palpite infeliz
Salve Estácio, Salgueiro, Mangueira, Osvaldo Cruz e Matriz
Que sempre souberam muito bem
Que a Vila não quer abafar ninguém
Só quer mostrar que faz samba também

(Noel Rosa, "Palpite Infeliz")

A primeira escala do artista foi, sem dúvida, o famoso *Ponto de Cem-Réis*, na esquina do Boulevard com a Rua Sousa Franco, centro nervoso da Vila naquela efervescente década de 1920. Ali, nas mesas do *Café de Vila Isabel* (cujo dono era um português que, mesmo sem esquecer o fado, se enamorara por completo do malemolente samba) e de outros bares próximos, reunia-se a fauna do bairro, gente de todos os ofícios e idades, cuja convivência, pode-se dizer amistosa, fazia jus à tradição "democrática" – vale dizer, liberal e transigente – da terra de Noel. Todos circulavam livremente pelos botecos, fossem eles agentes da ordem ou da contravenção, desde os infalíveis "corretores zoológicos" (isto é, os apontadores de apostas) até os próprios banqueiros do jogo do bicho; lá dentro, entre cervejas e violões, os operários misturavam-se aos doutores de canudo e anel no dedo; os jovens músicos de classe média aprendiam com os compositores do morro; e os boêmios ensinavam aos estudantes novas disciplinas da escola da malandragem.

Não há como refutar a criteriosa opinião de Didier & Máximo: a diversidade social talvez explique a fertilidade musical da Vila. Aqui, os canoros seresteiros filiados à tradição romântica do século 19, com seus versos repletos de rebuscadas metáforas, ao estilo do inconfundível Catulo da Paixão Cearense, compartilham espaço, nas largas "calçadas musicais" do Boulevard, com os sambistas que descem do Salgueiro, da Mangueira e do Morro dos Macacos, como Canuto, Cartola e tantos outros. Essa mescla aguçará em Noel o seu proverbial humor, patente no gosto pela paródia,[71] além de sua natural inclinação pelos novos ritmos que se insinuam pela cidade, com o samba pedindo passagem às modinhas e canções que até então emolduravam as serestas vila-isabelenses. E será, por fim, o seu passaporte para viajar por outros trilhos e outros pontos de nossa prodigiosa cartografia musical.

O Rio de Noel Rosa, afinal, não ficará restrito aos limites da simpática Vila Isabel. Mesmo que, fazendo jus ao caráter universal de sua música, ele nunca tenha deixado de cantar a sua "aldeia", o Poeta da Vila vai muito além do Boulevard e dos quarteirões vizinhos. Em suas peregrinações pela noite carioca, ele ora podia estar num festival lá em Bangu, na distante zona Oeste, ora podia ser visto numa roda de choro na Cancela, ali pertinho da querida Mangueira de Cartola (em cuja casa tantas vezes pernoitou), sem falar nas visitas a Ismael, no Estácio, às incursões pela zona do Mangue[72] (onde em várias

---

[71] Carlos Didier e João Máximo citam, em especial, A Casinha da Colina, uma 'valsa escatológica' de Pedro Sá Pereira e Luís Peixoto, que Noel e seus amigos tocavam no Café de Vila Isabel: "Você sabe de onde eu venho? / De uma latrina que eu tenho / Lá no fundo do quintal. / Tem um buraco na porta, / Do buraco vê-se a horta, / E da horta o repolhal." Cf.: DIDIER & MÁXIMO, obra citada, p. 100.

[72] Tradicional apelido da área de prostituição popular do Rio de Janeiro, originalmente localizada ao lado do Canal do Mangue, junto à Praça Onze. Em face das reformas urbanas, ela foi afastada para a Rua Miguel de Frias, na Cidade Nova, onde passaria a ser conhecida como Vila

ocasiões também encontrou seu pouso) e às inumeráveis rondas e vigílias nos cabarés da Lapa. E, como já se viu no capítulo anterior, tampouco as aventuras amorosas se circunscreviam aos chalés da Vila: as paixões dignas de seu violão podem assistir em um bordel da Praça Onze, em uma casa de vila do modesto Engenho Novo ou em um simples barracão da Penha, que ele exalta sem nenhum pudor em seus versos:

Não há quem tenha
Mais saudades lá da Penha
Do que eu – juro que não!
Não há quem possa
Me fazer perder a bossa,
Só a saudade do barracão.[73]

"No fundo – escreveram os biógrafos – é tão ou mais suburbano que de Vila Isabel".[74] Por isso, os amantes da literatura brasileira, como este escriba que vos fala, têm motivos de sobra para associá-lo a certos nomes 'malditos' de nossas letras, que se destacam pela corajosa opção de circular por becos e artérias sempre de olhos e espíritos bem abertos, livres de quaisquer preconceitos ou temores, ansiosos por devassar na alma generosa das ruas os segredos de uma época em plena metamorfose histórica e social. Ao contrário de muitos intelectuais e criadores dos anos dourados da *Belle Époque*, artistas como Noel Rosa, o romancista Lima

Mimosa. Ao final do século 20, quando ali se constrói o Centro Administrativo da Prefeitura, a zona mais uma vez é obrigada a transferir-se, indo para a Rua Sotero dos Reis, na Praça da Bandeira, onde está até hoje.

73 "Meu Barracão", de Noel. Samba de 1933, originalmente gravado por Mário Reis no mesmo ano.

74 DIDIER & MÁXIMO, obra citada, p. 274.

Barreto e, mais tarde, o escritor Antônio Fraga jamais ficarão confinados ao perímetro urbano da cidade original ou aos espaços mais 'elegantes' da jovem metrópole.

O contraste será ainda mais gritante se confrontarmos suas andanças com os horizontes delimitados pelo Conselheiro Aires em *Esaú e Jacó*, um dos mais admirados romances de Machado de Assis, cuja publicação original data de 1904, o ano das reformas de Pereira Passos. Com a ironia que lhe é própria, a personagem considera que o mundo começa no Cais da Glória ou na Rua do Ouvidor (um dos pontos mais chiques do Centro) e acaba no Cemitério de São João Batista (em Botafogo, bairro nobre da zona Sul carioca). Embora nascido em um morro humilde próximo à zona portuária do Rio, o genial Machado veio a realizar uma notável descrição da classe dominante de seu tempo, vocalizando por esse *alter-ego* o lugar subalterno a que está relegada a margem na cartografia da elite: "Ouço que há uns mares tenebrosos para os lados da ponta do Caju, mas eu sou um velho incrédulo, e não aceito essas notícias sem prova cabal e visual".[75] Pois Noel, ao contrário de Aires, cantou com imenso gosto o subúrbio, convicto de que "não há nada de novo lá no centro da cidade", como já o comprovara o malandro da canção, que à hipocrisia do espaço mais prestigioso contrapõe a liberdade da área estigmatizada:

Voltaste pra mostrar ao nosso povo
Que não há nada de novo
Lá no centro da cidade.
Voltaste demonstrando claramente

[75] MACHADO DE ASSIS, Joaquim Maria de. *Esaú e Jacó*. In: *Obra completa*, vol. I. 4ª ed. Rio de Janeiro: Nova Aguilar, 1979, p. 995.

Que o subúrbio é ambiente
De completa liberdade.[76]

Como escreveu com acendrado tom naturalista o pitoresco primo Jacy, Noel acercou-se sem nenhum pudor dos "lugares para onde as lavadeiras conduzem nossa roupa suja...", dos sítios onde se padece o suplício da fila junto à bica de água, em um "monstruoso mundo de latas e caixotes – de crianças sem infância, sem jardins, e escolas." Benquisto nos morros, ele tinha entrada franca nesse *país de latas* – e, por isso, elegerá como personagem de suas crônicas musicais não o malandro "grão-fino" da Avenida Rio Branco, mas sim o tosco malandro "nascido e criado nos casebres das favelas".[77]

De certa forma, o jovem Rosa reeditou aquele Lima que viveu tantos anos em um modesto chalé de Todos os Santos (estação há décadas desativada no ramal suburbano da Central do Brasil) e se incumbiu de descrever-nos em sua obra os "arruamentos delirantes" que visitou às margens dos trilhos ferroviários, exaltando o fervor intelectual que pulsava nos subúrbios, onde a produção anônima e marginal, que não vivia às expensas da gorda publicidade, era fonte perene de novas ideias. E quiçá tenha também inspirado a opção extrema de Fraga, outro amante confesso do Mangue e da *malandragem* carioca, que se retirou de vez para uma estação ainda mais distante – o paupérrimo município de Queimados (à época um distrito de Nova Iguaçu), na Baixada Fluminense –, onde se dedicou a escrever e estimular os jovens talentos da periferia.

---

[76] "Voltaste (Pro Subúrbio)", de Noel. Samba de 1935, só gravado em 1955 por Aracy de Almeida.

[77] PACHECO, obra citada, p. 78.

Sem gramática e sem preconceito

O samba é a voz do povo. Sem gramática, sem artifício, sem preconceito, sem mentira. É malicioso e... ingênuo. O povo carioca sente a alma do samba.

(Noel Rosa)

Ainda que o polêmico José Ramos Tinhorão o descreva como "branco, filho da cidade e sem ligações com os sambistas negros e mestiços semianalfabetos das camadas mais baixas", é precoce a identificação de Noel com os mais humildes e marginalizados. Seu desconforto nos ambientes ditos mais refinados da classe média, que os amigos do *Bando de Tangarás* estavam habituados a frequentar, logo se tornaria patente. Almirante, o líder do conjunto, é um dos primeiros a constatar que o parceiro se sentia bem melhor em uma tendinha do Morro dos Macacos ou em um botequim do *Ponto de Cem-Réis* que nas festas ou reuniões cheias de pompa e circunstância das famílias tijucanas. Em verdade, como o próprio crítico reconhece, o Poeta e seu grupo eram de uma época na qual, mesmo distanciadas, as classes baixa e média coexistiam sob uma "promiscuidade vitalizadora" nas mesmas áreas urbanas, "por efeito da proliferação dos cortiços e das casas de cômodos, que apareciam ao lado das casas das boas famílias".[78]

A afinidade de Noel com a dita *arraia miúda* ultrapassou em muito as expectativas do severo Tinhorão. Assim, não é de se estranhar que na célebre excursão dos *Ases do Samba* a Porto Alegre, ele e o amigo Nonô se refugiassem nos caba-

[78] TINHORÃO, J. R. "Menino Noel Rosa e Meninos da Bossa Nova: Um Paralelo". In: *Música Popular: um tema em debate.* 3ª ed. São Paulo: Editora 34, 1997, pp. 44-47.

rés e botecos mais vagabundos da Rua da Praia, enquanto Francisco Alves e Mário Reis se divertiam engravatados nos clubes da alta classe média local. E talvez por essa via seja mais fácil compreender por que o Poeta da Vila paulatinamente se aproxima dos compositores do morro (em especial, Canuto e Gargalhada, no Salgueiro, e Cartola, na Mangueira), assimilando os novos ritmos urbanos em sua obra, ao passo que os outros *Tangarás* permanecem fiéis à herança regional dos cocos, desafios e emboladas.

Ao menos um *Tangará* abraçava o samba, enunciaram aforisticamente Carlos Didier e João Máximo. A opção não se deu de modo imediato: a influência *caipira* ainda está presente nas duas primeiras composições gravadas por Noel, a toada "Festa no Céu" e a embolada "Minha Viola" (ambas escritas em 1929 e lançadas em 1930). Era um fenômeno quase inevitável no limiar da nova década, após a ascensão de Getúlio Vargas e do amplo pacto das oligarquias regionais que comandará o país até a Segunda Guerra Mundial. Com a burguesia paulistana alijada do poder político, o tom eclético e cosmopolita de alguns expoentes da geração de 1922 (em particular, Oswald e Mário de Andrade) perderia espaço em nossas letras. Ainda que anunciem a transição da velha ordem liberal agromercantil para o novo espaço corporativo-monopolista do capitalismo tupiniquim, os anos de 1930 reafirmam a força do imaginário agrário entre nós, do que nos dará conta a segunda fase do Modernismo, com a avassaladora eclosão do ciclo *regionalista* em nossa prosa (cujos maiores nomes são Jorge Amado, Graciliano Ramos, Érico Veríssimo, José Lins do Rego e Rachel de Queirós).

Outras canções dessa época também acusam a herança telúrica, como o melodrama sertanejo "Mardade de Cabocla", em que o autor nos relata a desventura amorosa de um tímido caboclo que se apaixona por *sinhá* Ritinha, mas termina sem ser correspondido:

E o Zé Sampaio foi-se embora lá do Norte
Pois teve a pió da sorte
Que se pode imaginá:
No mês de maio, quando vortô à capela,
Pra entregá o rosário dela
Ela não quis aceitá.

Nota-se desde o título que, não importa a extração rural ou urbana do repertório, Noel sempre estará atento à linguagem popular, cuja sintaxe e fonética, além da própria essência rítmica, ele busca mimetizar, abraçando à sua maneira o programa *modernista* de 1922. Um princípio que ele explicitará com enorme convicção e lucidez mais tarde, quando já for um nome reconhecido, prestando inestimável contribuição à luta do samba contra o preconceito e criminalização que este ainda padecia no Brasil dos anos 1930:

> A princípio o samba foi combatido. Era considerado distração de vagabundo. Mas estava bem fadado. Desceu do morro, de tamancos, com o lenço ao pescoço, vagou pelas ruas com um toco de cigarro apagado no canto da boca e, de repente, ei-lo de fraque e luva branca nos salões de Copacabana. Mas o companheiro do samba é o violão, que já obteve também a sua vitória definitiva. O samba é a voz do povo. Sem gramática, sem artifício, sem preconceito, sem mentira.[79]

[79] "Meia hora com Noel Rosa". Entrevista dada a *O Debate*, Belo Horizonte, 9 de março de 1935.

Em várias de suas obras, aliás, o Poeta compõe um verdadeiro tratado de Sociolinguística. Para ele, não era mais uma questão acadêmica, mas sim uma realidade social, o debate acerca do *português brasileiro*, pois "tudo aquilo que o malandro pronuncia com voz macia é brasileiro, já passou de português"... Aliás, cabe aqui perguntar se o *modernista* Noel teria lido o poema "Pronominais", de Oswald de Andrade, em que o poeta paulistano atesta a simpatia do Modernismo literário pelos novos usos que o idioma conhece longe de Portugal.[80] Só a hipocrisia dos caretas poderia ignorá-los, já que "a gíria que o nosso morro criou bem cedo a cidade aceitou e usou".[81] Acolhendo os supostos *erros* da gramática popular, Noel nos faz ver que o sentimento e o samba, de fato, não têm tradução, como demonstram os versos *metalinguísticos* de "Mulata Fuzarqueira":

Mulata, vou contar as minhas mágoa
Meu amor não tem R
Mas é amor debaixo d'água
Não gosto de te ver sempre a fazer certos papel
A se passar pros coronel
Nasceste com uma boa sina
Se hoje andas bem no luxo
É passando a beiçolina[82]

---

[80] Eis os versos: *Dê-me um cigarro / Diz a gramática / Do professor e do aluno / E do mulato sabido / Mas o bom negro e o bom branco / Da Nação Brasileira / Dizem todos os dias / Deixa disso camarada / Me dá um cigarro*. In: *Pau-Brasil*. 2ª ed. São Paulo: Globo / SEC-SP, 1990, p. 120.

[81] "Não Tem Tradução", de Noel Rosa. Samba de 1933, gravado por Francisco Alves em 1934.

[82] "Mulata Fuzarqueira", de Noel Rosa. Samba de 1931, gravado pelo autor e o Bando de Tangarás no mesmo ano.

Haverá acaso *amor* mais legítimo do que este, que mesmo sem *R* vale até *debaixo d'água*? Se já não bastasse a inusitada e prosaica expressão lírica do amante iletrado, a própria escrita do autor trata de concretizar, em cada verso, uma poética similar àquela que os principais expoentes de 1922, como Manuel Bandeira e Mário de Andrade, postulavam em suas obras. Autêntico artista de *vanguarda*, ele adapta à canção popular a pauta dos poetas *modernistas*. Se Bandeira declarou expressamente em 1930 estar farto do *lirismo bem comportado* e burocrático, "que para e vai averiguar no dicionário o cunho vernáculo de um vocábulo", reivindicando o fim dos puristas e o livre uso de todas as palavras, "sobretudo os barbarismos universais"[83], por que o jovem Rosa não poderia trazer para a cena lírica a mulata que anda bem no luxo, "passando a beiçolina"? Se Mário se vale de uma sintaxe telegráfica e bem brasileira, modificando deliberadamente a ortografia das palavras, como fez no romance *Amar, verbo intransitivo* (em que o adjetivo *melhor* se escreve *milhor* e a conjunção *se* é grafada *si*), por que não caberia ao Poeta da Vila um direito similar?

É esse respeito e admiração pela voz do povo, em que o compositor reconhece a força motriz das transformações inelutáveis da língua e da cultura brasileira, que nos ajudará a compreender a sua adesão definitiva ao samba. Aquela cadência envolvente que brotava das classes mais despossuídas da população era seu 'sonho de consumo': "Eu não pensava em ser general, nem presidente da República. Que valia o próprio fastígio dos reis, dos soberanos absolutos, diante do encanto comunicativo dos criadores

---

[83] Versos de "Poética", poema publicado em 1930, na obra Libertinagem. In: BANDEIRA, Manuel. *Poesia completa e prosa*. Rio de Janeiro: Nova Aguilar, 1983, p. 207.

de ritmo?"[84] Em certa medida, Noel antevê o papel que a música criativa e sedutora do morro, gestada ao longo de séculos entre a mãe África, a Ibéria e as senzalas de Bruzundanga, assumiria na cultura de sua cidade e de seu país, a ponto de tornar-se um autêntico ícone de brasilidade e um rentável artigo de exportação no nascente mercado de bens simbólicos que a indústria cultural transnacional patrocina.[85]

Entre o morro, a cidade e o coração

O samba, na realidade
Não vem do morro
Nem lá da cidade
E quem suportar uma paixão
Sentirá que o samba então
Nasce do coração

(Noel Rosa & Vadico, "Feitio de Oração")

É claro que os ritmos genuinamente urbanos jamais prevalecerão por completo na MPB, até porque os moradores dos espaços marginais do *morro* e da *periferia*, celeiros de tantos gêneros inovadores, também provêm, em grande

[84] "A alma e o destino de Noel Rosa". In: *Jornal de Rádio*, Rio de Janeiro, nº 1, 1º de janeiro de 1935.

[85] A própria Hollywood se valerá desse filão, contratando Carmem Miranda e o Bando da Lua em 1939. A artista serviria como luva para a política de "Boa Vizinhança" do Tio Sam, que se difunde ao longo dos anos de 1940 na América Latina, consagrando curiosos estereótipos de identidade nacional, como a baiana cheia de balangandãs que a cantora portuguesa (branca e loira) personifica. Essa figura aparece inclusive em um clássico de Walt Disney – *Los tres caballeros* (1944) –, na pele de Aurora Miranda, irmã de Carmem. No filme, o Pato Donald contracena com Zé Carioca, o papagaio que os estúdios haviam criado um ano antes (*Saludos, amigos*) para representar o nosso malandro.

parte, dos grotões mais pobres do interior, sobretudo do sertão nordestino, trazendo consigo um vasto repertório de ritmos – como o xaxado, o forró e o baião – que até hoje, em pleno século 21, são ingredientes do amplo pastiche musical que a pós-modernidade instaurou. A ascensão do samba, contudo, é um índice eloquente da significativa metamorfose espacial que se processa entre nós no decurso dos anos novecentos, convertendo a nação rural da primeira metade do século no país urbano das décadas de 1960-1980[86], fenômeno este que não é prerrogativa única do Brasil, abrangendo na verdade várias regiões da América Latina e do Terceiro Mundo.

Conforme escreveu Eric Hobsbawm, a mudança social "mais impressionante e de mais longo alcance" da segunda metade do século 20 foi "a morte do campesinato".[87] Em apenas 20 anos, a população camponesa latino-americana seria reduzida à metade na Colômbia (de 1951 a 1973), no México e no próprio Brasil (ambos entre 1960 e 1980), ao passo que na Venezuela e na República Dominicana, entre 1960 e 1981, tal queda atingiria o incrível índice de 66%. Na Ásia, esse processo fez com que capitais como Seul, Karachi, Manilla e Jacarta já possuíssem entre cinco e oito milhões de pessoas em 1980. E do Rio Bravo à Patagônia o fenômeno produziu megalópoles de dimensões

[86] Segundo dados do IBGE, em 1940, apenas 31,24% da população brasileira viviam nas cidades, ao passo que 68,76% estavam no campo. Em 1960, o contingente urbano já crescera para 45,08% e o rural baixara para 54,92%; em 1980, a paisagem já mudara: 67,7%, urbana, e 32,3%, rural.

[87] Descrevendo a "Revolução Social" que se espraia pelo mundo após a Segunda Guerra Mundial, o autor assinala ainda que, ao final do século 20, apenas três zonas do globo eram regidas pela ordem agrária: a África subsaariana, a China e o Sul da Ásia. Cf.: HOBSBAWM, Eric. *A era dos extremos: o breve século XX (1914-1991)*. Companhia das Letras, São Paulo, 1995, p. 284.

inacreditáveis, como a Cidade do México, com 22 milhões em 2000, e São Paulo, com cerca de 12 milhões. O êxodo progressivo dos lavradores rumo às cidades, expulsos de suas terras por falta de recursos ou pelo ritmo avassalador de expansão do latifúndio, provocou entre nós uma colossal "tragédia" espacial: se, na Europa Ocidental, a paulatina urbanização exigiu 150 anos de preparação da infraestrutura básica, dos serviços médicos essenciais e da assistência social, nas áreas periféricas ela se consumou em um prazo de, no máximo, duas ou três décadas, em meio à completa escassez dos equipamentos urbanos.

O Poeta da Vila morreu muito antes dessa vertiginosa transformação, mas sua produção musical e a de outros artistas da mesma época já atestam a vigorosa presença de novos elementos espaciais em diversas facetas da nossa vida cultural e, sobretudo, no amplo espectro da MPB. Compositores do naipe de Noel Rosa, Ismael Silva e Ary Barroso, ao lado de cantores como Francisco Alves, Carmem Miranda e Orlando Silva, são os grandes nomes da *era do rádio,* que representa o primeiro momento de notável expansão da música popular sob a chancela dos meios de comunicação de massa. O veículo e o produto que ele difundia – ou seja, a rádio e a canção – eram um par quase perfeito, sobretudo porque se dirigiam a um público de precária escolaridade, com altos índices de analfabetismo,[88] cuja escassa cultura letrada seria historicamente compensada por múltiplas e ricas tradições orais. Eis o legado da

[88] Os dados do IBGE registram, para a população de 15 anos ou mais, 65,3% de analfabetos em 1900, 65% em 1920, 56,1% em 1940 e incríveis 50,6% em 1950. Só em 1970 alcançaríamos um índice equivalente a 1/3 dos jovens e adultos (33,7%), sendo que em 2000 ainda havia 13,6%, ao passo que na vizinha Argentina a taxa era de 3,2%, no Chile 4,2% e em Trinidad e Tobago 1,7% (!).

América Portuguesa, tão distinta nesse aspecto de alguns vizinhos hispânicos, como os portenhos da cosmopolita Buenos Aires, onde certa feita um sábio livreiro, ao ouvir minha invejosa alusão às 500 livrarias existentes na cidade (número que na década de 1980 equivalia ao total existente no Brasil), replicou: – *¡Sí! Pero ustedes tienen Chico Buarque, Caetano Veloso, Djavan... ¡y nosotros nos quedamos sólo con Piazzolla!*

Graças a eficientes meios de difusão (primeiro a rádio, para aquela geração de 1930-1940, mais tarde a televisão para a geração de Elis, Chico e Caetano) e ao suporte do disco (que surge bem no início do século passado[89]), a canção popular construirá sua bem-sucedida trajetória, revelando-se, em larga medida, uma resposta virtuosa à *mazela* da parca cultura letrada e contribuindo decisivamente para a formação de nossa sociedade. Essa história, segundo nos conta o crítico literário Luís Augusto Fischer, remonta talvez ao século 18, com Domingos Caldas Barbosa; durante o século seguinte, consuma-se o encontro de dois gêneros nativos, a modinha e o lundu, com a *habanera* e a polca; e no limiar do século 20 a forma ganha novas cores com Sinhô e seu "samba maxixado". Ao longo dos novecentos, distende-se então o "arco canônico" da canção brasileira, que José Miguel Wisnik situa entre Ernesto Nazareth, em uma ponta, e Chico & Caetano, em outra. Na era do rádio, desdobra-se em samba, samba-canção, marchinha; por meio da bossa nova, dialoga com o mercado internacional nos anos de 1950, até assumir outras formas a partir dos anos de 1960, acossada por novos parâmetros

[89] Em 1902, a primeira gravadora do país – a Casa Edison – lança em disco o lundu "Isto é Bom".

técnicos, culturais e ideológicos que prenunciam o seu fim (qualquer semelhança com o "fim da história" de Francis Fukuyama não é mera coincidência).[90]

Esse percurso retrocede até a pioneira marchinha composta pela revolucionária Chiquinha Gonzaga ("Ó, Abre Alas", de 1899, um êxito estrondoso no carnaval de 1900) e o primeiro *samba* gravado em vinil ("Pelo Telefone", de Donga, em 1917). Ele inclui marcos como o encontro de Pixinguinha e Donga em 1919, com a criação dos *Oito Batutas* (primeiro grupo de samba a viajar ao exterior, estreando em Paris, em 1922), e os primeiros sucessos de Carmem Miranda ("Taí", em 1930) e Noel Rosa ("Com Que Roupa?", em 1931). Tampouco poderíamos esquecer esse hino do exotismo tropical que se chama "Aquarela do Brasil" (Ary Barroso, 1939) ou a certidão de nascimento da bossa nova, com o disco "Chega de Saudade" (João Gilberto, 1959), sem falar nas múltiplas vertentes de resistência estética e ideológica à ditadura nos anos de 1960-1970, desde a "Tropicália", de Caetano, Gil & Cia. até a era dos festivais de TV, com Elis, Tom, Edu, Chico, Vandré e tantos outros. Nesse intenso e relativamente curto século 20, a canção e o samba, assim como a rádio, o cinema e a tevê, ajudam a traçar uma nova imagem de Brasil – e um dos maiores artistas a ocupar-se desta árdua tarefa será precisamente Noel, ele próprio, em estampa e alma, uma caricatura sensível de seu tempo, a segredar-nos, nas cordas de um violão, que o samba não vem do morro, nem da cidade: ele brota do coração...

---

[90] Ver, a respeito: FISCHER, Luís Augusto. "Nobreza do Samba"; e GONÇALVES, Marcos Augusto. "Canto Para Quem?" In: *Folha de S. Paulo*, Caderno Mais!, 5 de julho de 2009, pp. 4-5.

Uma guerra sem batalhas, graças a Deus...

> *O senhor Getúlio Vargas fizera-se bastante conhecido, de repente, com a revolução de outubro, que o levou ao Palácio das Águias. A comunidade sofria os calamitosos efeitos da crise de 1929. Por isso, enquanto Washington Luiz era deposto e exportado, o povo esperava melhores dias, após aquela troca de homens no poder...*
>
> (Jacy Pacheco, *Noel Rosa e sua época*)

Inicia-se a década de 1930. A República Velha e a política do "café com leite" são páginas viradas da História. O Palácio do Catete hospeda o novo gestor da evolução capitalista de Bruzundanga, ao passo que a elite cafeeira bandeirante ainda esboça um último suspiro com a Revolução Constitucionalista de 1932, que Getúlio e seu bloco oligárquico sufocam após três meses de renhidos combates.[91] Em meio aos atritos das frações dominantes, há novos atores dispostos a entrar em cena, ainda que a direção da companhia permaneça nas mãos dos mesmos *coronéis* que até hoje controlam a política republicana (que o diga o Senado de Zequinha do *Sir* Ney, do cangaceiro Renan Calheiros e dos emplumados tucanos Virgílio Távora e Tasso Jereissati). Com o avanço da indústria e a expansão urbana, não há como ignorar a força dos trabalhadores, dos quais o hábil *Gegê* se ocupará, sobretudo após a decretação do famigerado Estado Novo, em 1937, o mesmo ano fatídico em que Noel, talvez pressentindo os tempos aziagos que se avizinham, resolve dizer-nos adeus.

Como veremos no último capítulo deste ensaio, durante seu curto período de atividade artística (1930-1937), o grande

[91] Embora o saldo oficial seja de 934 mortos, fontes não oficiais indicam mais de 2.000 perdas no conflito, que resultou em significativos danos para inúmeras cidades do interior de São Paulo.

mérito do poeta-cronista da Vila foi traduzir com sua música as profundas expectativas de mudança que os homens e mulheres mais simples do povo acalentavam com a deposição de Washington Luiz e a chegada de Getúlio Vargas ao poder. Conforme registrou Jacy Pacheco em suas anotações sobre o período, "o povo esperava melhores dias, após aquela troca de homens no poder..." Já ensaiando as futuras jogadas de *marketing* da política nativa, a aliança vitoriosa, a título de brinde, distribuiu até bandejas e ventarolas para o público, com a estampa dos "heroicos generais" do movimento. Valha-nos aqui, a propósito, a oportuna dose de ironia com que o primo Jacy saudava a "Revolução" de 30: "Nos arraiais políticos o clima era animador, após tamanha guerra, sem batalhas, graças a Deus..."[92]

São anos de conquistas, pregam uns; ou de sutil cooptação das classes populares, avaliam outros. Em resposta aos pleitos trabalhistas, surgirá a Justiça do Trabalho e a CLT (1943); para conter a radicalização do movimento operário, atrelam-se os sindicatos à estrutura legal do Ministério do Trabalho. Na esfera pedagógica, cabe ao Ministério da Educação estabelecer as bases do ensino público e promover os "valores cívicos", com a prestigiosa colaboração de nomes como Carlos Drummond de Andrade (chefe de gabinete do Ministro Gustavo Capanema), Heitor Villa-Lobos (difusor do canto orfeônico na rede secundária oficial), Lúcio Costa e Oscar Niemeyer (autores do projeto do novo prédio da instituição no Rio, cujos murais são obra de Cândido Portinari). Mesmo que uma imensa parcela de crianças, jovens e adultos continue sem acesso à escola, o Estado amplia sua base social junto à população, formando mão

[92] PACHECO, obra citada, p. 48.

de obra para o comércio e a indústria. O espaço fabril, por sua vez, deve cumprir o preceito fordista de regulação da vida cotidiana dos operários, repelindo a todo custo a influência "perniciosa" do ideário anarcossocialista (que defende a escola laica, alfabetiza as crianças com panfletos libertários e ainda advoga o amor livre!).

Se Washington Luiz gostava de dizer que os assuntos do povo se tratavam com o cacete, Gegê prefere valer-se da ambiguidade. Por um lado, prometendo estimular a cultura e as artes, atrai para seu governo várias figuras do meio artístico; por outro, não hesita em enviar para o cárcere todos os que desafiam o regime, sobretudo os suspeitos de organizar ou apoiar a insurreição comunista de 1935, como os líderes do PCB (entre eles, Olga Benário e Luiz Carlos Prestes) ou artistas e cientistas do porte de Graciliano Ramos, Jorge Amado e Nise da Silveira. Cerceiam-se as liberdades civis, mas o Estado Novo (1937-1945) está longe de assumir a feição truculenta da ditadura militar de 1964-1985. Por meio do poderoso Departamento de Imprensa e Propaganda (DIP), a censura ganhará tons menos cinzentos e o discurso hegemônico será o da 'colaboração': "O governo pede apenas a colaboração de todos os homens de boa vontade para a consecução da enorme tarefa que a si mesmo se impõe. Quem não quiser ajudá-lo, pelo menos não o impeça".[93] Entre a ameaça velada e o singelo "convite", o discurso ideológico legitima o surrado "projeto nacional": quem não se dispõe a ajudar despreza a nação – e a esta deverá prestar contas...

Repressor ou *Pai dos Pobres*? Ditador ou líder populista? O fato é que, como ocorreria a partir dos anos de 1940

[93] *Revista Cultura Política*, julho de 1942. Transcrito por MOBY, Alberto. *Sinal fechado: a música popular brasileira sob censura*. Rio de Janeiro: Obra Aberta, 1994, p. 75.

com Juan Domingo Perón na Argentina, será em torno da figura ambivalente de Getúlio Vargas que se moverá o imaginário coletivo nacional nas décadas de 1930 e 1940. Essa é a época em que historiadores e intelectuais, premidos pelo fantasma da nacionalidade, buscam interpretar o país e revisar a sua formação: enquanto Sérgio Buarque de Holanda remexe as *Raízes do Brasil* (1936), sob as quais se abriga o protótipo do "homem cordial", Gilberto Freyre revisita a *Casa-grande & senzala* (1933), revelando a essência oligárquica de nossa modernidade. Como observou García Canclini acerca da experiência latino-americana, em vários casos "o modernismo cultural, em vez de ser desnacionalizador, deu o impulso e o repertório de símbolos para a construção da identidade nacional"[94] – e, sem dúvida, no caso tupiniquim, a preocupação mais intensa com a *brasilidade* já se manifesta com as vanguardas dos anos de 1920 (cujo exemplo mais cabal é Mário de Andrade com o seu *Macunaíma*, o "herói sem nenhum caráter").

Noel Rosa é decerto um dos primeiros artistas populares a (de)cantar, pelo avesso, essa inquietude dos contemporâneos. O seu paradigma de *brasilidade*, contudo, está longe dos salões palacianos ou dos chalés da classe média: vive talvez em um cabaré da Lapa, numa birosca da Vila, quem sabe em um barracão da Penha ou numa ribanceira da Mangueira. Até nos carnavais – em que, teoricamente, as diferenças sociais seriam suspensas durante os efervescentes dias de folia –, desde cedo o Poeta bandeia-se para o bloco *Faz Vergonha*, cujos componentes se reúnem nas cercanias da fábrica Confiança, a ala mais pobre do bairro, e desfilam

[94] Ver, a respeito, GARCÍA CANCLINI, Néstor. *Culturas híbridas*. São Paulo: Edusp, 2006, p. 75.

bem à vontade, sem cordão de isolamento, improvisando versos sobre o mote do ano. Do outro lado, entre as ruas Sousa Franco e Torres Homem, área mais nobre da Vila, está o *Cara de Vaca*, um bloco organizado, cujo desfile é financiado por banqueiros do jogo do bicho, saindo nas manhãs de domingo com jovens e moças fantasiados, que cantam os sucessos da rádio sob a escolta de um caminhão repleto de comes e bebes. É por essas e outras que as vizinhas faladeiras aporrinharão a mãe do Poeta, dizendo que o filho de Dona Martha "só vive metido com gentinha"...[95]

Entre a Lapa e o Catete, à sombra de carnavais, *malandros* & (anti-)heróis

Eu fui fazer um samba
em homenagem
à nata da malandragem,
que conheço de outros carnavais.
Eu fui à Lapa
e perdi a viagem,
que aquela tal malandragem
não existe mais.
Mas o malandro pra valer,
não espalha
aposentou a navalha,
tem mulher e filho
e tralha e tal.
Dizem as más línguas
que ele até trabalha,
mora lá longe e chacoalha
no trem da Central [...]

(Chico Buarque, "Homenagem ao Malandro")

[95] DIDIER & MÁXIMO, obra citada, p. 132.

Imerso no ambiente urbano da capital federal, Noel logo se familiariza com o mundo da malandragem e suas personagens, tipos mais ou menos marginalizados que se dedicam ao jogo, à prostituição ou à venda de favores e proteção. Muitos deles descendem de ex-escravos sem emprego ou qualificação que não encontraram meio de vida na sociedade burguesa e foram progressivamente expulsos das áreas mais abastadas da cidade. São avessos ao trabalho formal, que só serve para encher o bolso dos patrões, preferindo valer-se de sua astúcia e sagacidade para ganhar a vida por meio de diversos *expedientes*, como pequenos golpes e "contos do vigário", furtos, contrabando e outros negócios ilícitos.

Em seu perfil sempre idealizado do primo, Jacy Pacheco diz que Noel Rosa olhava esse *171* que surge dos estratos populares, nas dobras da miséria e da marginalidade, "cheio de ternura e piedade". Já que não podia erradicar o problema, o cronista extraía do drama social uma espécie de anti-herói que "inventa palavras e sistemas de vida, 'golpes' de inteligência, rituais e músicas..." Enfim, um "criador" dentro de um mundo de aventuras e desventuras, que exibia suas destrezas com um baralho e um violão; um "filósofo", cujo campo de ação era o morro, o barracão, a rua e a gafieira; e – por que não dizer? – um tipo a mais de escroque ou trapaceiro, cuja fonte de sustento era a mulher.[96] A bem da verdade, à exceção do menor *status* que exibe na escala social, ele em nada difere dos mandachuvas de Bruzundanga, filhos e netos daquele Brás Cubas que se comprazia em açoitar moleques negros e beliscar os braços das matronas... Afinal de contas, não são golpistas

96 PACHECO, obra citada, p. 78.

e larápios os fazendeiros que "envelhecem" títulos de terras em gavetas cheias de grilos? Mereceriam outro nome os empresários que sonegam milhões aos cofres públicos e engordam contas bancárias nos paraísos fiscais? E que dizer dos altos magistrados que estão sempre prontos a assegurar o livre trânsito de todos eles?

Mas a própria "malandragem" das elites tupiniquins, por sua vez, pouco representa diante da poderosa engrenagem que impulsionou a história do mundo ocidental desde o início da era moderna, em sucessivas ondas de *globalização* que as potências do Velho Mundo espraiaram nas zonas periféricas da empresa mercantil. Ao evocar a colonização, há quem lamente o nosso legado lusitano e idealize um Brasil holandês ou anglo-saxônico. Contudo, antes de reiterar o perverso ideologema de que para *esta* colônia vieram apenas exilados e criminosos da pior espécie (e, por isso, o Brasil não teria dado certo...), conviria bem mais reconhecer que, sob a égide do antigo sistema colonial, o roubo, o furto e a corrupção configuraram certo tipo de prática social – o *descaminho* – "encoberta pelas formalidades oficiais, porém radicalmente ativa e penetrante, irradiada por todo o corpo social, inclusive os escravos". Contraface dialética dos *caminhos* oficiais, "todos esses modos de furtar existiam e se reproduziam em função do contexto geral de exploração e não como decorrência de desvios morais, de uma cristianização imperfeita ou mentalidade bastarda".[97]

Digressões históricas à parte, o fato é que, desde as *Memórias de um sargento de milícias*, delicioso folhetim que

[97] CAVALCANTE, Paulo. *Negócios de trapaça: caminhos e descaminhos na América Portuguesa (1700-1750)*. Hucitec / Fapesp, São Paulo, 2006, p. 58.

Manuel Antônio de Almeida publica entre 1854 e 1855 na imprensa carioca, o malandro já constitui uma referência marcante em nossas letras – e agora, no limiar da "era do rádio", também vai se convertendo em tema dileto da canção popular. Na literatura, segundo nos ensina Antonio Candido, o malandro Leonardo do século 19 vem a ser, em realidade, um anti-herói por excelência: protótipo do *171* nacional, ele é o pioneiro de uma linhagem de aventureiros astutos e trapalhões que, sob impulso do Modernismo (lembremos o preguiçoso *Macunaíma*, de Mário de Andrade, ou o abusado João Grilo do *Auto da Compadecida*, de Ariano Suassuna), cunham em nosso imaginário um possível traço de identidade dos filhos de Bruzundanga.

Heróis e anti-heróis, os *malandros* fascinam Noel Rosa, que em 1930 cantou a si próprio como um "malandro medroso" e de "bom coração", que respeita as leis da malandragem, mas reconhece sua fraqueza e limitações: "Eu devo, não quero negar, / Mas te pagarei quando puder, (...) Hoje vi que o medo é um fato / E eu não quero um pugilato / Com teu velho coronel".[98] O *medroso*, naturalmente, admira a valentia do malandro autêntico, que não tem medo da polícia e sobrevive à custa de hábeis golpes – e esse enlevo se traduzirá no samba do mulato *bamba*, que condensa em si os atributos de todos os seus pares:

Este mulato forte
É do Salgueiro.
Passear no tintureiro
Era o seu esporte
Já nasceu com sorte

[98] "Malandro Medroso", de Noel Rosa. Samba de 1930, gravado pelo autor e o Bando Regional.

E desde pirralho
Vive à custa do baralho
Nunca viu trabalho.
E quando tira samba
É novidade.
Quer no morro ou na cidade
Ele sempre foi o bamba.
As morenas do lugar
Vivem a se lamentar
Por saber que ele não quer
Se apaixonar por mulher.

É no mínimo curiosa essa figura que possui enorme intimidade com a viatura policial (o *tintureiro* em que passeia é o *camburão* da gíria atual), mas nem sonha em envolver-se com uma mulher. Os biógrafos do Poeta especulam se a canção teria sido inspirada por personagens como Madame Satã,[99] singular malandro cuja valentia se tornou uma lenda na Lapa, ou em sambistas que nunca assumiram sua homossexualidade, dos quais, sem dúvida, o parceiro Ismael Silva é o caso mais conhecido. Não importa a quem Noel fazia alusão, o mais notável do samba radica na simpatia com que o compositor aborda o tema, verdadeiro tabu para a época – e, decerto, uma atitude digna de nota para quem, em outras questões de gênero, se revelara ainda credor da velha cultura patriarcal brasileira (que o diga aquele

[99] João Francisco dos Santos (1900-1976), ou Madame Satã, é uma das figuras mais emblemáticas da cultura marginal da Lapa no século 20. Padecendo o estigma de ser pobre, negro e homossexual, ele envolveu-se em várias rusgas com a polícia, o que o levou várias vezes à prisão. Capoeirista de grande destreza e transformista assumido da noite carioca, seu apelido se deve à fantasia que usou no carnaval de 1942, inspirada em filme homônimo de Cecil B. DeMille. Em 2002, sua vida foi levada às telas pelo diretor brasileiro Karim Aïnouz, com o ator Lázaro Ramos no papel principal.

samba dedicado à mulher Lindaura, desdenhando seu desejo de trabalhar...).

A verdade é que o *malandro franzino* da Vila admirava a força e o destemor dos *mulatos bambas* do submundo carioca, sem jamais pretender equiparar-se a estes. Um biógrafo nos dá conta de que ele até aprendeu a jogar capoeira com o negro "Brancura" do Estácio, que lhe ensinou a "quebrar o corpo" para derrubar os inimigos na calçada – e que teria se valido das lições em um célebre sururu de que participou com o parceiro José Sabiá em um bar da cidade.[100] No vestibular de *malandragem*, porém, Noel decerto optaria por uma carreira mais amena: artesão do espírito, cuja arma principal – diríamos única – era o verso e a melodia, ele talvez se identificasse bem mais com o *malandro de voz macia*, cuja força radicava no extremo talento verbal e no fino senso de observação da realidade. É sob esse enfoque, aliás, que devemos analisar sua famosa polêmica com Wilson Batista,[101] graças à qual o público viria a ser agraciado com alguns dos maiores clássicos da MPB.

Tudo começou com a gravação por Silvio Caldas, em 1933, da música "Lenço no Pescoço", que representava uma verdadeira louvação à malandragem – ou, como gostava de dizer Almirante, à *vadiagem*, *orgia* ou *gandaia*, que eram as expressões "de maior cotação" nos sambas da época. Wilson, contudo, não o fazia por mero dile-

---

100 PACHECO, obra citada, pp. 37 e 42. Acolha-se com reservas a veracidade ou exatidão do relato.

101 Wilson Batista de Oliveira (1913-1968) nasceu em Campos (RJ) e morreu no Rio de Janeiro, para onde veio com a família ao final dos anos 1920. Compôs sambas com grandes nomes da MPB, entre eles Nássara e Ataulfo Alves, e suas canções ("Desacato", "Emília", "Acertei no Milhar", "Oh! Seu Oscar" etc.) foram gravadas por cantores como Francisco Alves, Moreira da Silva e Ciro Monteiro.

tantismo, mas sim porque a sentia como o seu ambiente natural, conforme atestam estes versos:

Meu chapéu do lado
Tamanco arrastando
Lenço no pescoço
Navalha no bolso
Eu passo gingando
Provoco e desafio
Eu tenho orgulho
Em ser tão vadio.
Sei que eles falam
Deste meu proceder
Eu vejo quem trabalha
Andar no miserê
Eu sou vadio
Porque tive inclinação
Eu me lembro, era criança
Tirava samba-canção.

Quem sabe o jovem Wilson, que naquela data mal completara 20 anos de vida, estivesse apenas a buscar espaço em um meio ainda muito restrito, incapaz de absorver de imediato todos os talentos que despontavam na capital federal nessa fase absolutamente amadora e incipiente do nosso campo cultural. Sem anel de doutor no dedo, tal qual o advogado Ary Barroso ou o médico Joubert de Carvalho, nem diploma da Escola de Música, como o regente Custódio Mesquita, era difícil para o ex-acendedor de lampiões – que se tornara ajudante de conta-regra no Teatro Recreio[102] e aos

[102] A casa situava-se na Praça Tiradentes, logradouro boêmio no centro do Rio, onde também se encontravam dois importantes teatros surgidos já no século 19: o João Caetano (assim batizado em 1923) e o Teatro Carlos Gomes, junto ao qual estava a Esquina do Pecado, "ponte de reunião dos sambistas sem expressão, uma espécie de versão pobre do Café Nice" (em que se reunia a "nata" do meio musical: Ary Barroso, Noel Rosa,

16 anos já compusera seu primeiro samba – abrir caminho nas poucas gravadoras e nos programas de rádio. A saída seria investir na cena teatral (onde de fato ele tem o prazer de ouvir a famosa Araci Cortes interpretar "Na Estrada da Vida", sua canção de estreia), à espera de melhores dias nos estúdios fonográficos, contentando-se nesse ínterim com "o orgulho de ser vadio".

Para Noel, no entanto, o samba talvez tenha soado como um autopanegírico do malandro – e não resta dúvida de que, dentro ou fora da *malandragem*, o elogio em causa própria será sempre um vitupério. Por isso, o despojado – mas já renomado – Poeta da Vila decide contestar a peroração alheia, criando um samba que, a começar pelo título ("Rapaz Folgado"), está diretamente referenciado naquele que Batista escrevera: "Deixa de arrastar o teu tamanco, / Pois tamanco nunca foi sandália / Tira do pescoço o lenço branco / Compra sapato e gravata / Joga fora essa navalha / Que te atrapalha". A polêmica principia aí, porém continua por vias transversas: a réplica de Wilson não se destinará a este samba, e sim ao genial "Feitiço da Vila", que o vila-isabelense compõe com Vadico por ocasião da eleição da candidata do bairro ao concorrido posto de Rainha da Primavera, em 1934. Na clássica canção, Noel não perde a chance de cantar que "lá, em Vila Isabel, quem é bacharel não tem medo de bamba", assumindo para si o *status* de "doutor" do samba que o humilde adversário não pode ostentar.

Em nova alfinetada ao *malandro medroso*, Batista compõe "Conversa Fiada", anunciando, sem maiores delongas, que:

Custódio Mesquita, Francisco Alves e outros). Ver, a respeito: *Wilson Batista*. Nova História da Música Popular Brasileira. 2ª ed. São Paulo: Abril, 1978, p. 4.

É conversa fiada dizerem
Que o samba na Vila tem feitiço
Eu fui ver para crer
E não vi nada disso.
A Vila é tranquila
Porém eu vos digo: cuidado!
Antes de irem dormir
Deem duas voltas no cadeado

Essa provocação, a bem da verdade, só teve o mérito de engendrar, em 1935, a tréplica genial de Noel: o samba "Palpite Infeliz", até hoje cantado nas melhores rodas de samba de Bruzundanga. Em sua primeira parte, o artista foi taxativo:

Fazer poema lá na Vila é um brinquedo
Ao som do samba dança até o arvoredo
Eu já chamei você pra ver
Você não viu porque não quis
Quem é você que não sabe o que diz?

Como o boa-praça da Vila, porém, não possui a intenção de ser belicoso ou prepotente, ele não descuida de salientar, na segunda parte, que o bairro "é uma cidade independente, que tira samba, mas não quer tirar patente". O recado, infelizmente, não foi bem compreendido por Wilson, que retruca com um samba deveras agressivo, o "Frankenstein da Vila", em que, de maneira mais do que "politicamente incorreta", não hesita em aludir à deformação que maculava o rosto do 'adversário': "Boa impressão nunca se tem / Quando se encontra um certo alguém / Que até parece o Frankenstein." Tímido, "medroso" ou tão-somente elegante, o fato é que Noel declinou de responder a essa agressão grosseira do malandro Wilson.

Este, no entanto, ainda voltaria à carga com um samba ignorado pelo público ("Terra de Cego"), em que mais uma vez prevalecem as referências ferinas e incisivas ao 'rival': "Perde a mania de bamba, / Todos sabem qual é / O teu velho diploma de samba. / És o abafa da Vila, eu bem sei, / Mas na terra de cego / Quem tem um olho é rei."

Asseveram os historiadores que a polêmica se encerrou após um encontro casual dos dois *bambas* em um café nos arredores da Lapa, onde Noel e Wilson selaram definitivamente a paz.[103] Ironicamente, o próprio *malandro* cantado em verso e prosa por Batista começará a desaparecer após a morte de Noel, submergindo em meio à paulatina expansão industrial do país e aos sutis mecanismos de cooptação que o processo de *modernização sem ruptura* promove a partir do Estado Novo. O próprio Wilson Batista terminaria por renegar o seu passado de *vadiagem* e *boemia*, aderindo por completo à nova doutrina fordista do regime instaurado por Getúlio em 1937, como alardeiam os versos conformistas de um samba que seria a grande sensação do carnaval de 1941:

Quem trabalha é que tem razão
Eu digo e não tenho medo de errar
O bonde São Januário
Leva mais um operário:
Sou eu que vou trabalhar
Antigamente eu não tinha juízo.
Mas resolvi garantir meu futuro.
Vejam vocês:

---

103 Para maiores detalhes sobre o entrevero, ver Almirante e Didier & Máximo, além do artigo "Esta Polêmica Existiu Mesmo?" In: *Wilson Batista*, obra citada, p. 7. Em 1956, os sambas compostos pelos dois foram reunidos no disco Polêmica, um LP de 10 polegadas da gravadora Odeon (MODB-3033).

Sou feliz, vivo muito bem
A boemia não dá camisa a ninguém
É, digo bem[104]

Dizem as boas línguas, em favor do *malandro* arrependido, que na letra original da canção constava, em lugar de "*operário*", a expressão *otário*, o que reafirmaria o compromisso do sambista com a velha ética da *vadiagem*. Todavia, a instâncias do DIP (a sigla eufemística sob a qual se abrigava a censura do Estado Novo), para o qual era inaceitável que um governo empenhado na "regeneração dos costumes" subscrevesse qualquer apelo ao ócio e à vagabundagem, Batista teria acatado a 'ponderação' dos censores, substituindo o debochado *otário* pelo nobre operário, antítese do mítico malandro que está com os dias contados. Enfim, uma forma de os admiradores atenuarem essa nódoa na carreira de um autêntico cronista dos costumes cariocas, cujos versos singelos fixaram tipos da cidade e mais tarde até enveredaram pela melindrosa seara da crítica social, como no samba que ele dedicou ao pedreiro Valdemar, que "faz tanta casa e não tem casa pra morar".[105]

Com o decurso das décadas, de fato, não haverá mais lugar para *aquela tal malandragem* da Lapa. Surge, na moderna era da(o) capital, o malandro oficial, *regular e profissional*, cujo retrato – de gravata e colarinho branco – aparece até na coluna social, como cantou com rara clarividência Chico Buarque. Dizem as más línguas que o mulato *bamba* aposentou a navalha, "mora lá longe e chacoalha num trem

[104] "O Bonde São Januário", de Ataulfo Alves e Wilson Batista. Samba de 1940, gravado por Ciro Monteiro em outubro do mesmo ano.

[105] "Pedreiro Valdemar", de Wilson Batista e Roberto Martins. Samba de 1948.

da Central". Por sorte, ainda sobraram os poetas, como este Chico, herdeiro confesso de Noel: sob suas bênçãos, o modesto escriba vila-isabelense apresentará ao leitor, na Parte 2 deste livro, a contraface dialética do *Poeta da Vila*: o Cronista do Brasil. Ou seja: fiel à longa e truncada estirpe dos cronistas de Bruzundanga, o presente ensaio conjugará à vida e aos motes do artista seu olhar percuciente e profético sobre as grandezas e misérias de nossa Brasileia.

PARTE 2

O CRONISTA DO BRASIL

CAPÍTULO 3

POETAS & CRONISTAS DE BRUZUNDANGA

Sob a guarda das Musas e de Cronos

Cantar o seu bairro, a sua cidade, o seu país. Retratar os personagens que trafegam por aí, focalizar os episódios que testemunha, captar o espírito de tudo isso, eis o destino de Noel Rosa, poeta e cronista. [...] Do Brasil, de seus absurdos, sua gente, suas contradições.

(Carlos Didier & João Máximo, *Noel Rosa: uma biografia*)

"*Poeta e cronista*". Quantos artistas seriam dignos de merecer tal epíteto sem a mínima ressalva ou contestação? Aliás, ser simplesmente *poeta* já constitui um desafio insólito nestas plagas: em meio às inevitáveis agruras de uma sociedade iníqua e conservadora, como cultivar a imaginação inspirada de um bardo ou render-se aos devaneios líricos que movem um trovador? O *cronista*, por sua vez, assume missão igualmente ingrata: mais do que cantor de uma aldeia ou de uma pátria, ele é um servo eterno de Cronos, o deus do Tempo, descrito na cosmogonia grega como um jovem Titã, filho de Gaia (a Terra) e Urano (o Céu pontilhado de estrelas). Oxalá não lhe falte o amparo de ao menos uma das belas Musas que assistem a criação: despidos de poesia, somos todos vulneráveis a esse deus implacável, que, a rogo de sua mãe, castrou o pai com um golpe de facão para tornar-se o grão-senhor do firmamento.[106] Ainda que sob o reinado de Cronos a humanidade tenha conhecido a sua fase áurea, segundo reza a mitologia, ela nunca escapará à voracidade do tempo, essa fria ampulheta que põe à prova todas as nossas obras e ações.

Em sua luta incessante com o tempo, a crônica e a poesia ocupam postos bem distintos. Ambas, porém, nos revelam desde logo as limitações da linguagem humana, que carece de habilidade para falar do eterno, do intemporal: o que nossos olhos veem é simultâneo; o que transcrevemos é sucessivo, porque a linguagem o é.[107] A narrativa – um conto, um romance ou até mesmo uma telenovela – é uma forma simbólica que representa a ação humana e o tempo que a circunscreve: a fim de organizar a própria experiência temporal, os homens *contam histórias*, todas elas (desde uma obra-prima de Machado de Assis ou Dostoievski até a melodramática e inverossímil novela das oito) repletas de intrigas e desenlaces que servem para

---

[106] Após a morte de Urano, instaura-se a era dos Titãs, a segunda geração dos deuses olímpicos. O ambicioso Cronos desposou a irmã Reia, com a qual gerou seis filhos (as deusas Deméter, Hera e Héstia; os deuses Hades, Poseidon e Zeus), os quais, à exceção deste último, seriam devorados pelo próprio pai, temeroso de perder o seu trono. Ao crescer, Zeus vinga-se de Cronos, com o auxílio de Métis (a Prudência, filha do titã Oceano e de Tétis), que oferece ao terrível deus uma poção mágica, graças à qual os cinco irmãos devorados são expelidos e recobram a vida. Surge, assim, a terceira geração de deuses, cujo líder supremo seria Zeus, que destronou o pai e baniu os tios Titãs para o Tártaro. Famoso por suas aventuras amorosas, este gerou com Mnemósine, a deusa da Memória, nove prodigiosas filhas, as Musas, que protegem e inspiram os artistas e cientistas.

[107] BORGES, Jorge Luis. "Nueva Refutación del Tiempo". O texto, em paráfrase livre deste autor, foi transcrito por NUNES, Benedito. *O tempo na narrativa*. São Paulo: Ática, 1988.

demarcar o curso complicado de nossas ações reais. Dessa forma, como nos ensina o francês Paul Ricoeur, o homem narrador torna inteligível para si a inconstância das coisas humanas, "que tantos sábios opuseram à ordem imutável dos astros".[108]

Já a expressão lírica dos poetas vive em permanente conflito com essa essência objetiva e racional da linguagem. Ela não aspira a *analisar* a realidade ou *ordenar* seres, conceitos e objetos; por isso, é muito mais sintética e desconexa que a(s) narrativa(s). O poeta é uma espécie de mago ou demiurgo que anseia por converter o mundo passageiro das aparências em algo duradouro, valendo-se para tanto de *palavras* isoladas, de *versos* impregnados de um estranho ritmo – e não de longas frases ou parágrafos sem nenhum encantamento. A poesia, enfim, é *transcendência* – avessa à *imanência* da prosa. Não por acaso, o poeta tcheco Rainer Maria Rilker gostava de dizer que os mais belos versos seriam aqueles jamais escritos, "os inexprimíveis", invocando em seu testemunho um singelo aforismo do alemão Friedrich Schiller: "Se a alma fala, ah! Então, já não é a alma que fala".[109]

O cronista, por sua vez, faz do próprio tempo a sua matéria-prima essencial. A crônica, na acepção original do termo, é "uma compilação de fatos históricos apresentados segundo a ordem de sucessão no tempo".[110] Com a difusão

---

108 Cf. RICOEUR, Paul. *Temps et récit*. Paris: Éditions du Seuil, 1983.

109 *Apud* STAIGER, Emil. *Conceitos fundamentais de poética*. Rio de Janeiro: Tempo Brasileiro, 1975.

110 Cf. HOUAISS, Antônio & VILLAR, Mauro de Salles. *Dicionário Houaiss da língua portuguesa*. Rio de Janeiro: Objetiva, 2009, p. 577. A princípio, a crônica ficou restrita a relatos verídicos e conspícuos, como a biografia de um soberano (veja-se a Crónica de D. João I de Fernão Lopes) ou a genealogia de uma família tida por nobre; mais tarde, abrangeria também a vida social, os costumes etc.

da imprensa na era moderna, todavia, ela assumiu feição literária própria, caracterizando-se como um texto breve, o mais das vezes narrativo, "de trama quase sempre pouco definida e motivos geralmente extraídos do cotidiano imediato", ou mesmo uma prosa ficcional de personagens e eventos mais densos, que evoluem com o tempo. No Brasil do século 20, não são poucos os mestres do gênero: alguns exibem veia mais lírica, como os já saudosos Carlos Drummond de Andrade, Paulo Mendes Campos, Rubem Braga e Vinícius de Moraes; outros cultivam tons mais prosaicos ou humorísticos, de que Carlos Heitor Cony e Luis Fernando Veríssimo são exemplos bem atuais.

De sua parte, Noel circula por aquele território indiviso em que a poesia, a música popular e a moderna crônica se fundem não apenas para *cantar* – ou *reinventar* – o seu bairro, a sua cidade, o seu país (atendo-se aos personagens que transitam ao seu redor ou aos episódios que testemunha), mas, sobretudo, apreender o espírito de tudo isso. Ele não se limitou a fixar tipos urbanos ou ilustrar tópicos como a malandragem, a escola de samba, o futebol, as ilusões de fortuna ou as desavenças da vida conjugal, tarefa da qual se ocupou com igual maestria o 'rival' Wilson Batista. Tampouco se revestiu do grave tom de compromisso que a voz militante de Drummond postulou ao final da década de 1930, de mãos dadas com seus companheiros ("O tempo é a minha matéria, o tempo presente, os homens presentes, a vida presente"[111]). Sua forma particular de prestar contas ao tempo foi captar com rara lucidez o curso invisível de sua época, traduzindo em verso e melodia os absurdos e

[111] ANDRADE, Carlos Drummond de. "Mãos Dadas". In: *Poesia e prosa*. Rio de Janeiro: Nova Aguilar, 1983, p. 132. Poema originalmente publicado na obra *Sentimento do mundo*, de 1940.

contradições do Brasil e de nossa gente, o que nos permite inscrever sua obra na seleta galeria dos "cronistas de Bruzundanga", ao lado de *bambas* como *Gregório de Matos Guerra* (o *Boca do Inferno*), *Manuel Antônio de Almeida*, *Machado de Assis*, *Lima Barreto* e *Chico Buarque de Holanda*.

Estes são, sem dúvida, alguns dos maiores *imortais* de nossas letras. Em relação a todos eles e à obra que compuseram, vale o que dois biógrafos escreveram há quase 20 anos sobre o Poeta da Vila: "Sua perenidade é de tal ordem que daqui a mais de meio século ainda caberá como uma luva no país em que Noel nasceu".[112] E para que o leitor melhor possa aferir o talento de cada *cronista* ou avaliar sua transcendência e atualidade, nós o convidamos a embarcar conosco no trem das letras para uma breve incursão ao país dos Bruzundangas. Entre os nativos sem panos de Vespúcio & Caminha e o sambista "coberto de farrapos" ou quase nu de "Com Que Roupa?", conheceremos o *Brasil de tanga*, um mote recorrente da nossa história. Ouvindo os ferinos "Epílogos" de Gregório ou os pregões do leiloeiro de Noel, aprenderemos um pouco mais sobre as vergonhas e usuras desta terra, antes que em três lotes se venda o país inteiro. E por aí seguiremos, em companhia do picaresco Leonardo de *Memórias de um sargento de milícias* e dos malandros de voz macia da Vila, Lapa e arredores, que hoje chacoalham nos trens da Central, aposentados e com filhos para criar, enquanto lá em Brasília os malandros federais reescrevem à sua maneira os destinos da distraída e subtraída pátria-mãe.

[112] DIDIER & MÁXIMO, obra citada, p. 170.

Os escribas-cronistas da primeira onda de globalização

Vivem juntos e sem rei, sem império, e cada um se manda e é senhor. Tantas mulheres trazem quantas querem; e o filho se mistura com a mãe, e o irmão com a irmã, e o primo com a prima, e o encontrado com a que encontra. Além disso, não têm nenhuma igreja, e nenhuma lei têm, nem também são idólatras. Que direi eu a mais? Vivem segundo a natureza, e epicúreos antes podem ser ditos que estoicos.

(Américo Vespúcio, "O Novo Mundo")

Os manuais de história da Literatura concedem enorme atenção aos "cronistas de Índias", isto é, àqueles escritores que – seja a serviço da Corte ou da Igreja, seja por iniciativa própria – trataram de registrar e descrever este universo assombroso que o Novo Mundo lhes figurava ser. Eles são as testemunhas oculares das expedições que anunciam a *primeira onda de globalização* do planeta – designação de Noam Chomsky para o projeto de expansão ultramarina europeia nos séculos 15 e 16. Não obstante os vezos de um olhar etnocêntrico, esses escribas viajantes nos legaram um precioso testemunho sobre a nova paisagem devassada, desde os hábitos e costumes dos ameríndios até as múltiplas formas de hibridismo cultural resultantes da violenta e irrefreável conquista do nosso continente pelos europeus.

As cartas de Américo Vespúcio e Pêro Vaz de Caminha, por exemplo, povoam o imaginário popular dos países ao sul do rio Bravo, segundo atesta a certidão que o continente recebeu na pia batismal. O encantamento e a perplexidade dos viajantes diante da nova paisagem cunharão mitos de prodigalidade e abundância, como se depreende da célebre frase de Caminha: "[nesta terra] em se plantando, tudo dá". Ao mesmo tempo, advertirão o Velho Mundo sobre a inutilidade dos antigos referenciais, instaurando novos paradigmas sobre a linguagem ("diz-se que no mundo não existem mais do que 77 línguas, e eu digo que existem mais de mil", afirmou Vespúcio) e editando verdadeiros tabus como o canibalismo, um conceito sobre o qual Montaigne e outros filósofos teceriam vários comentários.

Mas há também a seduzir o olhar do viajante as moças gentis e graciosas do português Pêro Vaz, quc andavam nuas e não estimavam cobrir nem mostrar suas vergonhas, "tão altas, tão cerradinhas e tão limpas das cabeleiras" que não envergonhavam quem as visse. Uma inocência que não inibe, porém, a libidinagem, de acordo com o italiano Américo, que se impressiona com os artifícios das mulheres para fazer "inchar os membros de seus maridos a uma tal grossura que disformes parecem e brutais".[113] Seriam eles capazes de prever quantas metáforas e alegorias essas duas facetas indissociáveis de nossos antepassados alimentariam no imaginário coletivo dos povos do "Novo Mundo"?

Por valer-se, como instrumento, de palavras – e não de armas –, alguns cronistas lograram até se transformar a partir do insólito contato com o outro. Assim, enquanto Cristóvão Colombo, o comandante genovês da esquadra espanhola, parecia buscar o Paraíso, tal qual Dante na *Divina Comédia*, o cartógrafo florentino Américo Vespúcio assimila

[113] Ver, respectivamente: CAMINHA, Pêro Vaz de. *Carta a El-Rey Dom Manuel*. Versão moderna de Rubem Braga. Rio de Janeiro: Record, 1981, p. 31; e VESPÚCIO, Américo. "O Novo Mundo". In: *Novo mundo: cartas de viagens e descobertas*. 2ª ed. Porto Alegre: L&PM, 1987, p. 94.

e valida a diferença, conferindo um sentido positivo para o *novo*, algo inconcebível para a sua época, inteiramente avessa à noção de alteridade. Ele decerto não decifrou tudo quanto a estranha paisagem lhe brindava, mas não ignorou seus enigmas, convicto de que o futuro traria as respostas que os contemporâneos não podiam adivinhar.

O processo de colonização, fundando cidades e dilatando a pilhagem do território, promoverá a emersão de uma cultura *criolla* – e, com ela, surgirá uma singularíssima casta de "cronistas do Novo Mundo", graças à qual as gerações futuras poderão desvelar, sob o gume afiado do escárnio e da sátira, a hipocrisia e engodo de nossa história socioespacial. No caso especial de Bruzundanga, é comum que essas penas mais ferinas venham a despontar à sombra do poder e da riqueza, nas ranhuras do espaço palaciano, vocalizando a ira e o despeito dos excluídos, ou mimetizando com sua arte as contradições das elites. É dessa tradição que se nutrirá, já em plena *Belle Époque*, o nosso dileto Noel de Medeiros Rosa, herdeiro legítimo da linhagem iniciada por Gregório de Matos e Manuel Antônio de Almeida – e que prosseguirá, em pleno século 20, nas figuras memoráveis de Aparício Torelly (o saudoso *Barão de Itararé*), Sérgio Porto (o buliçoso *Stanislaw Ponte Preta*) e tantos outros.

Os poetas-cronistas dos caminhos e descaminhos do Brasil Colonial

Que falta nesta cidade? Verdade.
Que mais por sua desonra? Honra.
Falta mais que se lhe ponha? Vergonha.

O demo a viver se exponha,
Por mais que a fama a exalta,
Numa cidade onde falta
Verdade, honra, vergonha.

(Gregório de Matos, "Epílogos")

Durante boa parte do antigo regime colonial, a capital de Bruzundanga foi *São Salvador da Baía de Todos os Santos*, ou simplesmente *Salvador*, na Bahia, talvez o primeiro engenho das maracutaias que assolariam estas plagas. Faltava *verdade, honra, vergonha*; sobrava *negócio, ambição, usura*. Eram os tempos primitivos da acumulação de capital na colônia lusitana, ainda inteiramente devotada ao extrativismo e à monocultura de exportação, ao sabor, como sempre, dos humores imponderáveis do todo-poderoso mercado estrangeiro. Os olhos do cronista-viajante divisariam lavouras de cana ao longo da Zona da Mata nordestina, para prover de açúcar as elites europeias; plantações de fumo em torno do Recôncavo Baiano, para satisfazer o insólito costume (outros o dirão *vício*) que os próprios ameríndios exportaram para os povos do Velho Mundo; exuberantes matas de cacau na Amazônia, que somente ao final do século 19, com a crise da atividade açucareira no Nordeste e a célere fuga de capitais, se expandiriam ao sul da terra de Jorge Amado; sem falar no legendário pau-brasil, cuja extração nos renderia o apelido que até hoje exibimos na certidão de nascimento.

Esses verdes anos do mercantilismo tropical encontrariam em Gregório de Matos Guerra (1623-1696), o espirituoso e mordaz *Boca do Inferno*, o seu poeta e cronista mor. Ele nos descreve, com rara picardia, as contradições do antigo regime, desvelando nos versos memoráveis de "À Cidade da Bahia" a singular dialética que movia a empresa colonial:

Triste Bahia! Ó quão dessemelhante
Estás e estou do nosso antigo estado!
Pobre te vejo a ti, tu a mi empenhado,
Rica te vi eu já, tu a mi abundante.

A ti trocou-te a máquina mercante[114]*,*
Que em tua larga barra tem entrado,
A mim foi-me trocando, e tem trocado,
Tanto negócio e tanto negociante.

Deste em dar tanto açúcar excelente
Pelas drogas inúteis, que abelhuda
Simples aceitas do sagaz brichote.[115]

Oh se quisera Deus que de repente
Um dia amanheceras tão sisuda
Que fora de algodão o teu capote!

Conforme já enunciamos em outro momento, poucos artistas e cientistas sociais souberam pintar-nos com tal clarividência e talento poético o implacável processo de pilhagem de riquezas a que a etapa mercantil do nascente capitalismo ocidental submete a Pátria Grande.[116] O *"triste estado"* denunciado por Gregório é o papel que coube à Bahia na antiga ordem colonial: fornecer matéria-prima de ótima qualidade em troca de meras especiarias que o ardiloso estrangeiro lhe empulha. De quebra, o poeta-cronista estabelece sugestivo paralelo

[114] "Trocou-te", aqui, possui duplo sentido: significa comerciar, negociar ou, então, modificar, alterar; a "máquina mercante" eram as naus que aportavam na Bahia para comerciar.

[115] "Simples", segundo a interpretação de Amora, são os ingredientes que entram na composição de drogas. "Brichote" era a designação pejorativa dada ao estrangeiro.

[116] Ver, a respeito, LEITÃO, L. R. *O campo e a cidade na literatura brasileira.* Veranópolis: Iterra, 2007. Cf., em particular, o capítulo 8: "Os caminhos e descaminhos da era colonial".

com a sua própria experiência existencial: tanto a cidade quanto o autor padecem as duras mazelas da primeira onda de globalização e se veem desfigurados pela ação inclemente do comércio. Sua acolhedora terra fora próspera no passado, mas agora está empobrecida por obra da *máquina mercante* que cruzou a barra do porto; e ele próprio também foi ludibriado pela astúcia de *tanto negócio e tanto negociante...*

Em 1763, no auge da mineração, a capital desloca-se de Salvador para o *Rio de Janeiro*. Vivíamos os *caminhos e descaminhos* da rota do ouro, com muito pó do vil metal a extraviar-se nas carapinhas dos negros escravos e nas algibeiras dos brancos livres que desciam a Estrada Real, desde as Minas Gerais até a velha Parati, uma singela vila litorânea ao sul da nova metrópole. Como escreveu o percuciente historiador Paulo Cavalcante, sob a égide do antigo sistema, o roubo, o furto e a corrupção configuraram um determinado tipo de prática social – o *descaminho* – "encoberta pelas formalidades oficiais, porém radicalmente ativa e penetrante, irradiada por todo o corpo social, inclusive os escravos". Contraface dialética dos *caminhos* oficiais, "todos esses modos de furtar existiam e se reproduziam em função do contexto geral de exploração e não como decorrência de desvios morais, de uma cristianização imperfeita ou mentalidade bastarda".[117]

Embora o comércio das pedras e metais também carreasse vultosos lucros para os cofres do Velho Mundo, a era do ouro não chegou a produzir um poeta de verve

---

117 CAVALCANTE, Paulo. *Negócios de trapaça: caminhos e descaminhos na América Portuguesa (1700-1750)*. Hucitec / Fapesp, São Paulo, 2006, p. 58.

tão ferina quanto Gregório. Houve, decerto, um texto satírico de inequívoca repercussão, as célebres *Cartas Chilenas*, cuja autoria, no entanto, durante longo tempo foi motivo de controvérsia nos meios acadêmicos.[118] Escritas em tom de divertimento literário, com um humor que Alfredo Bosi julgou "mais jocoso do que azedo", as 12 cartas são assinadas por *Critilo* (pseudônimo do prudente autor) e destinadas ao amigo *Doroteu*, com o propósito de denunciar os desmandos que o *Fanfarrão Minésio* "obrou em Chile" (o que explica o título do texto e a menção à cidade de Santiago como cenário dos cômicos episódios). A veia crítica do autor, contudo, não arguirá jamais os pilares da ordem aqui vigente, limitando-se tão somente a denunciar a arbitrariedade dos governantes, sem enunciar sequer uma censura mais contundente à escravidão e às outras mazelas do decrépito sistema colonial. A figura grotesca de Minésio, em particular, é mera máscara literária sob a qual se oculta o Governador de Minas, Luís da Cunha Meneses, um notório desafeto político do poeta Tomás Antônio Gonzaga (1744-1810?), cuja obra, em última instância, expressa a revolta da jovem burguesia *criolla* que, ao final do século 18, organiza a célebre Inconfidência Mineira.

[118] Inicialmente atribuída a Cláudio Manuel da Costa, conforme sustenta Caio de Melo Franco em *O inconfidente Cláudio Manuel da Costa* (Rio de Janeiro: Schmidt, 1931), a obra teria sido escrita por outro inconfidente famoso, o poeta Tomás Antônio Gonzaga, segundo nos elucida um estudo elaborado por Manuel Bandeira ("A Autoria das Cartas Chilenas"; *Revista do Brasil*, abril de 1940) e o criterioso trabalho do crítico Manuel Rodrigues Lapa sobre o tema (*As Cartas Chilenas*; Rio de Janeiro: Instituto Nacional do Livro, 1958).

Do Império à República: memórias de malandros, jovens *sinhôs* e bestializados

Desde os cinco anos merecera eu a alcunha de menino diabo; e verdadeiramente não era outra coisa; fui dos mais malignos do meu tempo, arguto, indiscreto, traquinas e voluntarioso. Por exemplo, um dia quebrei a cabeça de uma escrava, porque me negara uma colher do doce de coco que estava fazendo, e, não contente com o malefício, deitei um punhado de cinza ao tacho, e, não satisfeito da travessura, fui dizer à minha mãe que a escrava é que estragara o doce "por pirraça"; e eu tinha apenas seis anos.

(Machado de Assis, *Memórias póstumas de Brás Cubas*)

O fim do antigo regime colonial e a chegada da família real portuguesa ao Brasil, em 1808, encontraram seu melhor cronista em Manuel Antônio de Almeida (1831-1861), que, em meados do século 19, publica nas páginas do *Correio Mercantil* um delicioso romance intitulado *Memórias de um sargento de milícias*, narrativa por meio da qual a solerte malandragem brasileira se estabelece de vez nas letras de Bruzundanga. Apesar de composto sob a estrutura de um folhetim romântico, que nos relata as desventuras quase picarescas do jovem Leonardo (que, graças ao famoso 'jeitinho' nacional e aos expedientes de sua astuta madrinha, logra ingressar na carreira policial e ascender a uma das mais altas patentes da severa hierarquia militar), as *Memórias* constituem uma obra única na prosa de ficção da época.

Uma simples frase na abertura do folhetim nos revela o espírito do texto: "Era no tempo do rei". Conforme destacou Carlos Nélson Coutinho, cabe ao autor o mérito de permanecer fiel às promessas de progresso anunciadas pelo processo de Independência em 1822, pouco a pouco traídas pela opção conservadora que se impôs à jovem nação por força da presença hegemônica das elites agrárias no bloco de poder. Por isso, ao ser publicada em 1854, a mensagem surtiu efeito imediato na memória do público, por aludir à enorme expectativa de mudança que a chegada da Corte de D. João, em 1808, provoca na população da colônia – e que os rumos tortos da política tupiniquim mais tarde viriam frustrar.

O bordão prenuncia ainda o frescor do texto, avesso ao tom meloso e subjetivo dos demais românticos: as personagens estão longe das figuras idealizadas e hiperbólicas de Alencar (*Iracema, Lucíola, Senhora* e outras mais) ou Macedo (*A moreninha*); em lugar da figura feminina sublime e inacessível, a mãe do "herói" aparece na pele de uma saloia portuguesa rude e simplória, cujos traços nada condizem com a graça e elegância das donzelas do Romantismo. Em vez de *julgar*, o escritor prefere *descrever*; ou seja: ele não inventa "o herói como deveria ser", optando por retratar "o homem como é". E, assim, é possível sorrir daquele namoro que começa com uma *pisadela* e um *beliscão*, "segundo os usos da terra", e resulta, ao fim de nove meses, no "formidável menino" que Maria da Hortaliça pôs no mundo.

Mesmo que os episódios relatados estejam restritos à paisagem urbana do Rio de Janeiro, sem contemplar os outros cenários que compunham o espaço agromercantil do Brasil Império, o autor não deixa de identificar, mais além dos incidentes descritos, certos "princípios constitutivos" da nossa sociedade ainda em formação. Não por acaso o mestre Antonio Candido acusou no "sargento de milícias", além da herança literária do pícaro espanhol, um protótipo indiscutível do malandro tropical, atribuindo a Leonardo o 'título' de primeiro anti-herói de nossas letras, pioneiro de uma linhagem de personagens astutos e trapalhões que, a partir do Modernismo, buscam elucidar o inquietante enigma da identidade nacional – e cuja ilustração mais emblemática é talvez o preguiçoso e ladino *Macunaíma*, o "herói sem nenhum caráter" que Mário de Andrade cria em 1928, quando ainda inexistia uma fórmula definitiva de *brasilidade* em nosso imaginário.

Entre um século e outro, a esperança de mudança que vicejara no "tempo do rei" há de fenecer, asfixiada pelo cinismo das elites *criollas*, que se encarregam de "modernizar" o pitoresco país dos Bruzundangas sem promover nenhuma ruptura expressiva em seu percurso histórico. Quem se incumbiu de compor um retrato irretocável dessa classe dominante "maligna e voluntariosa" ao final do século 19 foi o carioca Joaquim Maria Machado de Assis (1839-1908). Em *Memórias póstumas de Brás Cubas* (1881), a ficção dramatiza a contradição estrutural da burguesia, cujo discurso sempre foi "liberal" – e a prática, para lá de autoritária: apesar de subscrever a Declaração Universal dos Direitos Humanos, ela sustenta a escravidão até 1888. Sob o tom de trapaça e desfaçatez com que se reveste o narrador, revelam-se traços fundamentais da classe que este representa. Cubas é ladino, ardiloso: sua maior artimanha reside no fato de que ele *já está morto* quando narra suas peripécias. Há algo mais emblemático do que isso no Brasil? Pois é assim que procede o pretenso herói: para melhor sobreviver, morre – ou melhor, *faz-se de morto*...

Esse *defunto-autor*, ao intitular o capítulo em que rememora as diabruras do jovem *sinhô*, não hesita em anunciar que *"o menino é pai do homem"*. Na verdade, a infância de Brás é um ícone literário da própria burguesia brasileira, ainda em formação, mas já com seus traços fundamentais estabelecidos: hipócrita, excludente, egocêntrica e caprichosa. Uma classe que repreende os seus filhos em público por mera formalidade, mas afaga-os em particular, conivente e orgulhosa das crias, com cuja crueldade e desfaçatez inata se identifica. Aliás, quem não veria em figuras como ACM, Fernando Collor ou, até mesmo, em FHC (que nos mandou esquecer tudo quanto escrevera...), um parentesco direto com o moleque Brás Cubas?

Decretada a Abolição e proclamada a República, os matutos permanecerão à míngua, sem nenhum apoio oficial, e a reforma agrária será apenas uma eventual consigna dos programas partidários até os umbrais do terceiro milênio. No início do século 20, sob o signo da Primeira Guerra Mundial, a velha ordem liberal-oligárquica que patrocinara a queda do Império e o advento da República, assentada no poder dos latifundiários regionais e na burguesia mercantil urbana encarregada da agroexportação, vive sucessivas crises. Ignorados pelo regime republicano, os *bestializados* de Bruzundanga rebelam-se contra o poder. Há manifestações vigorosas das classes populares em distintas áreas do território.

Entre 1912 e 1916, por exemplo, eclode a *Revolta do Contestado*, em Santa Catarina, uma reação clara às expropriações de terras ao longo do trecho traçado para a ferrovia que os capitalistas ingleses construíam a oeste do Estado. Para derrotar o monge José Maria e 20 mil lavradores rebelados, o Exército enviou sete mil soldados e aviões à região. Estigmatizada como um movimento messiânico, a exemplo do que ocorrera nos sertões de Canudos, com Antônio Conselheiro e sua gente, a guerra do Contestado punha a nu o problema da concentração fundiária no Brasil das capitanias hereditárias e da grilagem desenfreada de terras, agravada na República Velha pelo fim do poder centralizador do Imperador (legalmente o único autorizado a conceder títulos de propriedade rural) e pelo excessivo poder que o novo regime concedera às oligarquias locais.

Contudo, a onda de insurgências e reivindicações sociais não se espraiaria só pelo interior do país: já em 1910, na célebre *Revolta da Chibata*, os marinheiros rebelavam-se no Rio de Janeiro contra os castigos corporais sofridos nos navios e unidades da Marinha brasileira. Ao final da década, com o crescimento da indústria nacional favorecido pelo colapso do Velho Mundo ao longo da Primeira Guerra, a classe operária torna-se mais numerosa e intensifica sua organização, estimulada pelos imigrantes italianos, de fortes tendências anarquistas, e pela incipiente recepção das ideias de Marx na América do Sul. Em meados de 1917, ano em que a Revolução Russa projeta a causa socialista no mundo, os trabalhadores deflagram, a partir de São Paulo, um ciclo de greves gerais que irá sacudir o país, do Rio Grande ao Nordeste, desafiando até mesmo, como na festa do 1º de Maio de 1918, na Capital Federal, o regime de estado de sítio decretado pelo governo.

Eram, de fato, anos agitados e febris, que os artistas não poderiam mais captar com a frieza e distanciamento de outras épocas. Já não havia mais lugar para a elegante ironia na investigação das mazelas humanas, a que se habituara o leitor de Machado de Assis. Poetas e prosadores da chamada *Belle Époque*, cultores da "arte pela arte" e servos fiéis dos modelos europeus de criação estética, promovem o completo esvaziamento do legado machadiano. Após a morte do ex-aprendiz de tipógrafo que viera a ocupar a cadeira nº 1 da Academia Brasileira de Letras, nomes como Olavo Bilac e Ruy Barbosa ainda pontificam garbosamente nos salões da Rua do Ouvidor. Para que esse período "artístico" se esgote e alcance o termo final, a sutil ironia do bruxo das Laranjeiras deverá ser substituída pela sátira amarga contra os poderosos, o impiedoso sarcasmo que, no bulício da Bahia colonial, já havíamos conhecido na poesia ferina de Gregório. Quem se incumbirá da radical tarefa no hiato surgido após 1908 será um outro mulato forjado nos subúrbios cariocas, cuja prosa de grande fôlego ideológico – e, sob múltiplos aspectos, radicalmente revolucionária em sua forma – somente seria reconhecida décadas mais tarde: Afonso Henriques de Lima Barreto (1881-1922). Sua afinidade com Noel é tão grande, que julgamos oportuno relembrá-lo em cotejo direto com o par, já que, de fato, cada qual compôs, com sua obra, uma súmula cabal e eloquente das grandezas e misérias desta nossa República de Bruzundanga.[119]

Lima Barreto & Noel Rosa: dois *bambas* de Bruzundanga

Não há lá homem influente que não tenha, pelo menos, trinta parentes ocupando cargos do Estado; não há lá político influente que não se julgue com direito a deixar para os seus filhos, netos, sobrinhos, primos, gordas pensões pagas pelo Tesouro da República. No entanto, a terra vive na pobreza; os latifúndios

[119] Referimo-nos, aqui e em outras passagens deste ensaio, à narrativa satírica *Os Bruzundangas*, sem dúvida uma verdadeira alegoria da miséria e opulência que até hoje perdura entre nós. Com o véu da ficção, o autor nos relata sua visita a um país vizinho, a República de Bruzundanga, país dominado pelos grandes barões do café, que viviam nas cidades, "gastando à larga, levando vida de nababos e com fumaças de aristocratas" e "empregando um grande palavreado de quem vai fazer milagres", enquanto a população camponesa – "sugada, esfomeada, maltrapilha, macilenta, amarela" – era cruelmente explorada (cf. BARRETO, Afonso Henriques de Lima. *Os Bruzundangas*. In: *Prosa seleta*. Rio de Janeiro: Nova Aguilar, 2001, p. 777).

abandonados e indivisos; a população rural, que é a base de todas as nações, oprimida por chefões políticos, inúteis, incapazes de dirigir a cousa mais fácil desta vida.

(Lima Barreto, *Os Bruzundangas*)

A alusão à corrosiva sátira do escritor carioca nada possui de casual. Embora pertençam a distintas gerações e jamais tenham se encontrado, Lima Barreto e Noel Rosa guardam entre si curiosas 'afinidades eletivas'. Ambos são personagens do Rio de Janeiro da *Belle Époque*, por cujos becos e artérias circularam sempre de olhos e espíritos bem abertos, livres de quaisquer preconceitos ou temores, ansiosos por devassar na alma generosa das ruas os segredos de uma época em plena metamorfose histórica e social. Eram filhos da Zona Norte da cidade, cujos bairros humildes e pitorescos eles admiraram e exaltaram em suas obras. O escritor passou a infância na Ilha do Governador, que ao final do século 19 era ainda um cenário idílico, de praias paradisíacas e pomares abundantes, onde estava instalada a Colônia de Alienados em que seu pai trabalhava. Depois, o romancista iria viver próximo aos trilhos suburbanos, em uma casa modesta do bairro de Todos os Santos, uma pequena estação de trens da Central do Brasil, entre o Méier e o Engenho de Dentro, há várias décadas já desativada. O compositor, como todos sabem, nasceu e viveu em um singelo chalé da Rua Teodoro da Silva, em Vila Isabel, na área menos 'nobre' da sua efervescente província.

Os dois tiveram existência atribulada. Padeceram sérias dificuldades financeiras e também enfrentaram graves agruras domésticas e pessoais. As famílias de ambos lhes haviam reservado o título de *doutor* ou *bacharel*, mas um preferiu trocar a Medicina pelo samba logo ao início da faculdade e o outro deixou a Escola Politécnica, já quase ao final, para tornar-se arrimo de família e velar com os irmãos pela saúde do pai. As doenças paternas, aliás, constituem outra estranha convergência entre eles. Conforme já se escreveu no capítulo 1, Manuel Garcia, o pai de Noel Rosa, era um tipo sonhador, porém neurastênico e arredio, que passou a vida a acalentar planos de invenções extraordinárias, mas terminou seus dias em uma casa de saúde, internado por decisão da família, após uma frustrada tentativa de suicídio. João Henriques, que era o chefe de almoxarifado do manicômio (*que ironia!*) existente na Ilha do Governador, a bucólica paragem dos verdes anos de Lima Barreto, teve destino quase idêntico: por conta de um suposto erro na contabilidade da repartição, o zeloso servidor perturbou-se – e, em uma noite de sono intranquilo, acordou subitamente com grave surto psicótico, para nunca mais recobrar a razão.

Prover o sustento doméstico, no caso de Afonso Henriques, ou a sua própria existência (e, mais tarde, a da esposa Lindaura), em se tratando de Noel, não foi tarefa fácil para nenhum dos dois. O músico ainda contava com os préstimos constantes de Martha, a carinhosa mãe, com sua escolinha instalada no chalé da Vila. O escritor, entretanto, não dispunha de quem o amparasse: ele era o único esteio da família abrigada na casa simples de Todos os Santos. Para maior infortúnio dos lares, ambos foram acometidos de graves transtornos de saúde. Lima não pôde – e nem soube – superar a mazela do alcoolismo, que lhe acarretou terríveis distúrbios psíquicos e o obrigou a recolher-se por duas ocasiões ao Hospício da Praia Vermelha (cujas lembranças estão magistralmente registradas nas páginas de *Diário do Hospício* e *Cemitério dos vivos*), além de internações na Santa Casa de Ouro Fino e no Hospital Central do Exército. Noel foi vítima de uma tenaz tuberculose, que o pendor boêmio e os hábitos etílicos não quiseram debelar: por recomendação médica, passou algumas "temporadas" em cidades de clima mais ameno (Belo Horizonte, Friburgo e Piraí), porém definhou pouco a pouco até morrer com apenas 27 anos.

Estigmas à parte, o que mais os aproxima é a perspicácia do olhar e a abordagem original e imprevista dos temas que extraíram do mundo (sur)real em que lhes coube viver. Ao contrário de muitos intelectuais e criadores dos anos dourados da *Belle Époque*, nas primeiras décadas do século passado, os dois jamais ficaram presos ao perímetro urbano da sua cidade ou às lides domésticas da borbulhante capital. Além da amplitude temática, eles gozaram de uma "liberdade espacial" impressionante, afastando-se deliberadamente do centro e dos núcleos de poder e privilegiando sempre a periferia e a margem. As narrativas de Lima e os sambas de Rosa costumam trafegar por ambientes bem simples, sem o prestígio social daqueles cenários frívolos que as formas canônicas da música e da literatura gostam de descrever.

As lentes do criador de *Triste fim de Policarpo Quaresma* (1915) vasculharam não só os bancos, estabelecimentos comerciais, a caserna, os salões, os ministérios e repartições públicas, as empresas e clubes, como também os cortiços, as favelas, os arruamentos delirantes, as fábricas e oficinas, além de taperas, roçados, sítios, latifúndios indivisos, vilas e estradas vicinais. Seus tipos humanos contemplam igualmente os mais variados estratos da população: lá estão os banqueiros, comerciantes, atravessadores, militares, aristocratas, arrivistas e burgueses de todo quilate, como também a gente dos subúrbios, os operários, os artesãos, os funcionários, ao lado de rudes caboclos, roceiros e ex-escravos agregados, que se opõem aos "coronéis", rábulas, cabos eleitorais e quejandos.[120]

Já a música de Noel revela-se a crônica de uma ampla sociocartografia, em que há lugar para quase tudo entre o *morro* e a *cidade*: dos salões e palacetes reluzentes à beira-mar aos chalés e casas de vila da Zona Norte, sem esquecer ainda os barracões do subúrbio ou as biroscas e tendinhas dos morros vizinhos; dos elegantes bailes da 'alta sociedade' às batucadas populares e às festas juninas dos bairros mais pobres; dos ricos teatros da burguesia aos cines *poeirinhas* da baixa classe média; dos cabarés e bordéis da Lapa ao casario brega do Mangue. A pé, de trem ou de bonde, em carroças ou carros luxuosos, suas canções nos falam de mulatos *bambas*, malandros, vigaristas, prestamistas, tipos batidos e até "esgotados", convivendo com alfaiates, baleiros, jornaleiros, motorneiros, condutores & passageiros, garçons e até comerciantes portugueses de vasto capital. Entre as figuras femininas, de presença sempre expressiva, desfilam cabrochas de alta linha, damas de cabaré, dançarinas, mulheres da vida, trabalhadoras fabris, professoras, colegiais, meninas namoradeiras e até roceiras *marvadas* que roubam o coração da gente.

Por outro lado, desperta grande atenção a relutância de ambos em aceitar as "novidades" impostas ao país pela célere expansão da indústria cultural capitalista. Com ligeiras variações de tom, Lima Barreto e Noel Rosa

[120] Sobre o tema, ver SEVCENKO, Nicolau. *Literatura como missão: tensões sociais e criação cultural na Primeira República*. São Paulo, Brasiliense, 1983.

recriminam os novos hábitos que o cinema – e o *cinema falado*, no caso do compositor – provocam no público, conforme literalmente declararam em sua obra. Noel escreveu o clássico "Não Tem Tradução" (quase um "samba de breque", que Aracy de Almeida e João Nogueira, entre outros, interpretaram em grande estilo), em que atribui ao cinema sonoro a culpa pela "transformação dessa gente que sente que um barracão prende mais que o xadrez" e, nos versos finais, invoca a prosaica poesia do morro para defender a língua e a cultura popular da avassaladora presença do inglês:

Amor lá no morro é amor pra chuchu
As rimas do samba não são I love you
E esse negócio de alô, alô boy e alô Johnny
Só pode ser conversa de telefone...

Lima vai ainda mais longe em sua aversão ao cinema estadunidense. Em uma crônica de 1920, ele dizia não suportar "essas hediondas damas americanas, Keties não sei o quê, Thedas; e os respectivos cavalheiros: Johns, Hamiltons, Tigres de toda sorte", cuja estética afetada o incomodava profundamente: "As mulheres têm uma carnadura de gesso ou mármore artificial e uns gestos duros e angulosos; os homens, com uns enormes olhos que se esbugalham mais no patético, têm um mento quadrado de sioux, muito antipático."[121] Não obstante o evidente tom satírico que existe nesses textos, os leitores de hoje poderiam até tachar o cronista de conservador, além de xenófobo

[121] "Amor, Cinema e Telefone", crônica publicada em *Careta*, Rio de Janeiro, 24/1/1920, e depois inserida no volume *Coisas do Reino do Jambom*. In: BARRETO, obra citada, p. 910.

ou chauvinista, tamanha a aversão que demonstra não só pelos estadunidenses, mas pelos "aparelhos" que estes nos trazem (como o próprio telefone já citado por Noel, que o autor considera "um fator constante de dissolução da família"), ícones poderosos de um novo Império que ergue seu domínio sob a força de armas, ideias e tecnologias.

Não censuremos, contudo, o tinhoso Afonso Henriques, muito menos o malemolente Noel: cada qual à sua maneira, eles apenas resistiam a mais uma onda de globalização que vinha dar a estas praias. Os inventos, bem o sabemos, são facas de dois gumes. Ao acelerar prodigiosamente a comunicação entre povos e mercados, a telefonia, assim como as redes virtuais da pós-modernidade, serviu à perfeição ao capital, permitindo sua expansão por mares nunca dantes navegados. São instrumentos do poder, não resta dúvida, mas também podem ser úteis a todos aqueles que lutam contra os próprios monopólios que os engendram. E Lima Barreto, diga-se de passagem, não era nada hostil às "ideias novas", como atesta sua adesão espontânea ao *maximalismo*[122]e a certas bandeiras de luta muito avançadas para o seu tempo, como o cancelamento da dívida externa.[123]

O grau de compromisso e, sobretudo, consciência política do escritor, mesmo incipiente, era bem superior ao do músico, ainda que alguns testemunhos, como veremos

[122] O maximalismo é a designação pela qual o ideário bolchevique, em sua difusa recepção fora das fronteiras russas, se torna conhecido em países como o Brasil. Depois, com o aprofundamento dos estudos sobre a Revolução Russa e a teoria marxista-leninista, o termo cai em desuso.

[123] Em uma crônica de 1919, o autor lamenta "esse horror por tudo que é ideia nova" e assombra um amigo ao dizer que "nós já havíamos pago essa dívida e que não havia motivo para continuarmos a pagar". Cf.: "Negócio de Maximalismo" (*Careta*, Rio, 20/9/1919). In: BARRETO, obra citada, p. 920.

no capítulo final, imputassem a Rosa uma sincera simpatia pelo socialismo. Em meio às tensões sociais da segunda década do século 20, Lima nunca hesitou em abraçar as causas libertárias, nem tampouco se furtou a tomar partido em vários episódios polêmicos que então aconteciam. Durante a Primeira Guerra Mundial (1914-1918), sob franca influência do anarquismo, ele assume uma posição de irrestrita defesa da paz; nesse ínterim, eclode a Revolução Russa de 1917, cujos desdobramentos o autor observa com grande interesse, muito embora, ainda influenciado pelas ideias anarquistas, mantenha certa reserva em relação ao movimento liderado por Lenin e os *bolcheviques*; em 1918, quando explode a greve geral convocada pela União dos Trabalhadores, mesmo doente e recolhido ao Hospital Central do Exército, Barreto escreve para o jornal ABC uma crônica de solidariedade para com os grevistas.[124]

Afora essa militância ativa do intelectual, Barreto revelou-se um crítico feroz das mazelas do capitalismo e do regime do latifúndio, em particular dentro das fronteiras de sua terra. O perfil que ele traça da burguesia agromercantil de Bruzundanga é o retrato irretocável das elites tupiniquins:

> Os proprietários dos latifúndios vivem nas cidades, gastando à larga, levando vida de nababos e com fumaças de aristocratas. Quando o café não lhes dá o bastante para as suas imponências e as da família, começam a clamar que o país vai à garra; que é preciso salvar a lavoura; que o café é

[124] Sobre a participação política do autor, ver: BARBOSA, Francisco de Assis. *A vida de Lima Barreto*. Coleção "Clássicos Literários", vol. 5. Rio de Janeiro, Editora Brasil-América, [s/d], p. 38; e LEITÃO, Luiz Ricardo. *Lima Barreto: o rebelde imprescindível*. São Paulo: Expressão Popular, 2006, pp. 70-71.

> a base da vida econômica do país; e – zás – arranjam meios e modos do governo central decretar um empréstimo de milhões para valorizar o produto.[125]

Note-se que o autor não se satisfaz com um mero diagnóstico dos males gerados por nossa herança colonial. À medida que sua produção amadurece e se aprofunda a compreensão do fenômeno, ele tratará de prescrever a melhor solução para o mal. Quando abandona a sátira e envereda pela crítica, é capaz de analisar a questão agrária com uma agudeza que somente Caio Prado Jr. décadas mais tarde revelaria. Em "Problema Vital", breve resenha escrita para o livro de estreia de Monteiro Lobato (*Urupês*, de 1918), tal procedimento é particularmente notável. Primeiro, com a maestria de um cientista social, o autor identifica os dois polos indissociáveis da grave contradição:

> A cabana de sapê tem origem muito profundamente no nosso tipo de propriedade agrícola – a *fazenda*. Nascida sob o influxo do regime do trabalho escravo, ela se vai eternizando, sem se modificar, nas suas linhas gerais. Mesmo em terras ultimamente desbravadas e servidas por estradas de ferro, que Monteiro Lobato deve conhecer melhor do que eu, a fazenda é a forma com que surge a propriedade territorial no Brasil. Ela passa de pais a filhos: é vendida integralmente e quase nunca, ou nunca, se divide. O interesse de seu proprietário é tê-la intacta, para não desvalorizar as suas terras. [...]

Por fim, como se estivesse a redigir um programa socialista, não titubeia em apontar ao amigo a única saída possível para a velha praga:

[125] BARRETO, *Os Bruzundangas*. In: *Prosa seleta*. Rio de Janeiro: Nova Aguilar, 2001, p. 777.

> Em suma, para não me alongar. O problema, conquanto não se possa desprezar a parte médica propriamente dita, é de natureza econômica e social. Precisamos combater o regime capitalista na agricultura, dividir a propriedade agrícola, dar a propriedade da terra ao que efetivamente cava a terra e planta e não ao doutor vagabundo e parasita, que vive na "Casa Grande" ou no Rio ou em São Paulo. Já é tempo de fazermos isto e é isto que eu chamaria o "Problema Vital".[126]

A aparente distância que se estabelece entre esse verdadeiro 'teórico' da revolução agrária e o irreverente cantor da *marvada* viola logo se desvanece, no entanto, quando a pena de Afonso Henriques confessa que, apesar de tudo, a troça é a maior arma de que podemos dispor para combater as injustiças. Apesar de advertir que não se deve dar "assentimento tácito a todas as extorsões que andam por aí", o autor preferia o humor e o sarcasmo à revolta, que ele não queria nem aconselhava. Quando Lima enunciou este princípio básico de sua arte, Noel sequer completara nove anos de idade, mas o aforismo bem poderia ser considerado uma bênção invisível do confrade Barreto para o mano Rosa. De fato, cairiam bem em Noel estas palavras lapidares do escritor:

> Nada de violências, nem barbaridades. Troça e simplesmente troça, para que tudo caia pelo ridículo.
> O ridículo mata e mata sem sangue.
> É o que aconselho a todos os revolucionários de todo jaez.
> J. Carlos, com uma caricatura no *O Jornal*, fez mais do que todo e qualquer revolucionário.[127]

---

[126] BARRETO, "Problema Vital". In: *Crônicas escolhidas*. São Paulo: Ática, 1995, pp. 30-31.

[127] BARRETO, "Negócio de Maximalismo". In: *Prosa seleta*, p. 920.

Troças, troças, sempre troças... O *malandro medroso* Noel prezaria como ninguém essa arma impiedosa do escritor, cujo estilo ferino e despojado causa estranheza e arrepios nos pares acadêmicos, gente como Coelho Neto e Ruy Barbosa, que cultivava a esgrima retórica dos salões e se orgulhava de conhecer dez sinônimos para um único adjetivo (!). Não é de se admirar, aliás, que o autor de "A Nova Califórnia" e "O Homem Que Sabia Javanês" tenha permanecido tanto tempo no ostracismo, ignorado pela *intelligentsia* de sua terra, para ser "redescoberto" somente na década de 1950, graças ao brilhante trabalho da ensaísta Lúcia Miguel-Pereira. Atravessando incógnito os piores anos da era Vargas e renascendo em um tempo de esperança, quando a sociedade brasileira sonhou construir um novo projeto de país, Lima Barreto reitera, pela última vez, sua afinidade com o Poeta da Vila, que morreu seis meses antes de Getúlio decretar, a 10 de novembro de 1937, o fatídico Estado Novo.

Noel, a exemplo do prosador, também pagou sua cota de esquecimento à pátria-mãe, que jamais soube lidar com aqueles que desvelaram as máscaras sociais sob as quais as elites de Bruzundanga promoveram a eficiente fórmula da *modernização sem ruptura* – graças à qual, a cada novo ciclo histórico, se muda aparentemente tudo para não se mudar nada... Por isso, antes de passar ao capítulo final deste livro, dedicado ao poeta-cronista e à atualidade de sua obra, é oportuno citar o que José Ramos Tinhorão anotou a seu respeito: "O melhor que se pode dizer de Noel Rosa é lembrar que, enquanto para a maioria dos artistas populares a fama acaba um dia após a morte, a dele só começou dez anos depois."

CAPÍTULO 4

O POETA-CRONISTA NOEL

O Brasil de tanga – e com capote de algodão...

Agora vou mudar minha conduta, eu vou pra luta
Pois eu quero me aprumar
Vou tratar você com a força bruta,
Pra poder me reabilitar
Pois esta vida não está sopa e eu pergunto: com que roupa?

Com que roupa que eu vou
Pro samba que você me convidou? (bis)

Agora eu não ando mais fagueiro, pois o dinheiro
Não é fácil de ganhar
Mesmo eu sendo um cabra trapaceiro
Não consigo ter nem pra gastar
Eu já corri de vento em popa, mas agora com que roupa?
Refrão (bis)

Eu hoje estou pulando como sapo, pra ver se escapo
Desta praga de urubu
Já estou coberto de farrapo,
Eu vou acabar ficando nu
Meu paletó virou estopa e eu nem sei mais com que roupa
Refrão (bis)

Seu português agora deu o fora, oi, foi-se embora
E levou seu capital
Esqueceu quem tanto amou outrora,

Foi no Adamastor pra Portugal
Pra se casar com uma cachopa e agora com que roupa?
Refrão (bis)

(Noel Rosa, "Com Que Roupa?")

Em dezembro de 1930, entre tantos sambas e marchas que as rádios do Rio já divulgam na antevéspera de mais um carnaval, uma canção cai de imediato no gosto do público carioca, ecoando buliçosa por todos os recantos da cidade. O sucesso de "Com Que Roupa?" é tão avassalador que o seu refrão logo será assimilado pela linguagem popular, além de servir de mote para inúmeras charges e paródias que os artistas da época divulgam em jornais, revistas e emissoras de rádio. O que explica esse êxito sem igual de Noel? Os críticos e pesquisadores apontam diversos fatores estéticos e sociais para o fenômeno: Carlos Didier e João Máximo creem que a melodia contagiante e os versos saborosos sensibilizam o mais íntimo da alma carioca; Cruz Cordeiro considera que a enorme aceitação do samba reside "na originalidade da letra e no sabor esquisito do ritmo" (favorecido pela sonoridade marcante das rimas: cond*uta*, l*uta*, br*uta*; s*opa*, r*oupa*, est*opa*) e no fato de o autor ter encontrado "coisa de pleno agrado popular", desde o título até o tema da composição, que fugia por completo aos assuntos mais batidos da época ("orgia", "malandro", "carinho"...).[128]

Sem desmerecer esses juízos, todos eles assaz pertinentes, julgamos que o mérito maior de Noel foi reeditar aquele princípio básico dos grandes cronistas de Bruzundanga: *captar as inquietudes e anseios mais profundos do povo e trazê-los*

[128] Ver, respectivamente, DIDIER & MÁXIMO, obra citada, p. 155; e *Phono-Arte*, 30/12/1930, p. 25.

à tona, seja sob a forma mais alegórica da expressão poético-musical, seja pela dicção mais crua da prosa realista. Desse modo, se é missão do verdadeiro artista anunciar à plebe e à corte que o rei está nu, o poeta-cronista faz jus à tradição ferina das letras nacionais (que se inicia no século 17 com o mordaz *Boca do Inferno*) e não hesita em cantar com graça e picardia o nosso *Brasil de tanga*, um mote que até hoje incomoda os cortesãos das elites tropicais. Afinal de contas, em meio às sucessivas crises do capitalismo periférico tupiniquim, que brasileiro mais humilde ignora essa terrível verdade de que "o dinheiro não é fácil de ganhar"? Com o capital a evadir-se para as plagas de além-mar, nem mesmo um *cabra trapaceiro*, como tantos que medram neste país dos *171*, poderia andar *fagueiro* sem ter o que gastar.

Noel atualizou um tema que, conforme comentamos no capítulo 3, Gregório de Matos já havia explorado quase três séculos antes no soneto "À Cidade da Bahia", em que a penúria da terra e do próprio poeta ("Triste Bahia! Ó quão dessemelhante / Estás e estou do nosso antigo estado! / Pobre te vejo a ti, tu a mi empenhado, / Rica te vi eu já, tu a mi abundante") é claramente atribuída à espoliação das nossas riquezas pelo mercador estrangeiro e aos sagazes comerciantes de especiarias: produzia-se açúcar para o Velho Mundo em troca de "drogas inúteis" que os mascates de além-mar nos empulhavam... A indignação do poeta era tal que, no terceto final do poema, ele roga uma sugestiva praga "têxtil" contra a própria cidade: "Oh se quisera Deus que de repente / Um dia amanheceras tão sisuda / Que fora de algodão o teu capote!"

Da Bahia barroca com seu reles casaco de algodão ao *malandro* de paletó de estopa ou coberto de farrapo da época de Noel (os baianos *sem lenço nem documento* da

Tropicália já são outro causo), muitas águas rolariam nos moinhos da história. Nossa fábula, porém, permaneceria a mesma, a tal ponto que o compositor não se esquece de incluir em seu samba uma estrofe dedicada ao português que, depois de acumular um vultoso capital, *esqueceu quem tanto amou outrora*, embarcou no portentoso Adamastor[129] e levou sua fortuna embora para se casar em Portugal. Como se pode ver, uma reiteração explícita da triste sina do *Brasil de tanga* – "explorado pelo estrangeiro, dando o que tem de melhor e abandonado no fim"[130] –, com um quê de carnavalização *modernista* tão a gosto do Poeta.

Os sugestivos e polissêmicos versos de "Com Que Roupa?" ensejam ainda interessantes conotações políticas e sociais, que não escapam aos observadores da época, conforme nos evidenciam em sua exaustiva pesquisa os dois biógrafos já citados. O jornalista Maurício de Lacerda, por exemplo, associa a metáfora noelina aos rumos então indefinidos da assim proclamada *"Revolução de 30"*, marco inicial da ambígua era Vargas em Bruzundanga. Ao som do samba de Noel, ele invoca a ironia carnavalesca do povo carioca para afogar com o coração "esta pantomima tão larga quanto insossa da regeneração republicana do Brasil pelos políticos que fizeram a sua degeneração oligárquica", vislumbrando na dúvida sobre a roupa a incógnita acerca do futuro regime, que ainda não escolhera a camisa com a qual se vestiria para o carnaval da política: "de camisa preta, de camisa vermelha, ou de camisa verde-amarela,

---

[129] Famoso transatlântico português cujo nome homenageia um gigante mitológico, personagem do poema épico *Os Lusíadas*, de Luís de Camões.

[130] DIDIER & MÁXIMO, obra citada, p. 156.

isto é, 'com que roupa', fascista, comunista ou socialista?"[131] Note-se que os anos de 1930 ainda iriam acrescentar à alegoria do articulista a camisa *verde* dos integralistas (a turma do *anauê!*), versão tupiniquim do grotesco fascismo italiano...

Um outro jornalista, aludindo à crise profunda do momento, identifica na criação do jovem Rosa uma *"canção proletária"*, que traduz o ânimo do pobre folião que "sofre todas as amarguras de uma miséria a que não estava habituado":

> Não ter um terno, ver o seu paletó transformado em estopa, ter a certeza de que esta mesma estopa vai ser farrapo daí a algum tempo e, diante dessa extrema calamidade, não ter dinheiro para comprar um fato novo – mesmo que seja ordinaríssimo – aí estão as dores do brasileiro de agora, do brasileiro humilde, filho da multidão, que cifra toda a sua ventura em ter três dias no ano em que possa sambar e se divertir à vontade.[132]

A interpretação do articulista talvez soe exagerada, mas tem a respaldá-la o depoimento que Eduardo Corrêa de Azevedo prestou a Didier e Máximo. Ao que consta, o autor teria revelado ao tio *Eduardinho*, ainda no final de 1929, quando mal terminara de compor o samba, que este fora inspirado no Brasil, aquele "Brasil de tanga" à beira da falência que se atormentava não só pela crise política doméstica, como também pelo colapso da Bolsa de Nova York e a queda assustadora do preço do café, prenúncio de

[131] LACERDA, Maurício de. "Com Que Roupa?". In: *Diário de Notícias*, Rio de Janeiro, 19 de fevereiro de 1931.

[132] Artigo de Múcio Leão, publicado no *Jornal do Brasil*, Rio de Janeiro, 17 de fevereiro de 1931. *Apud* DIDIER & MÁXIMO, obra citada, p. 159. Observe-se que, no texto, a palavra fato significa "terno".

tempos muito aziagos para nós. Simbolizava, pois, muito mais a história do país do que a de uma roupa, o que, aliás, explicaria a curiosa semelhança da linha melódica do verso inicial ("A-go-ra vou mu-dar mi-nha con-*du*-ta") com a abertura do hino nacional, que o músico Homero d'Ornelas logo percebeu e disfarçou com um pequeno rearranjo das notas. A julgar pela traição do inconsciente, não cabia dúvida: o samba era *"um retrato do Brasil,* visto por Noel Rosa".[133]

O *malandro medroso,* obviamente, desconversava sobre suas intenções. Temendo dores de cabeça com o novo governo, Noel teria confidenciado ao tio: "– Mas eu não sou bobo de ficar dizendo essas coisas por aí."[134] Fora do âmbito familiar, ciente de que prudência e caldo de galinha não fazem mal a ninguém, ele próprio se incumbia de difundir as mais variadas versões para a gênese do seu samba, como aquela surrada história de que a zelosa mãe, preocupada com sua saúde após inúmeras noites de boemia, lhe escondera todas as roupas, para impedir que o filho fosse à festa a que os amigos o haviam convidado...[135] Cinco anos mais tarde, porém, o autor de "Com Que Roupa?", em entrevista a uma revista local, tornaria a admitir, com aparente ar de desdém, o caráter alegórico de sua criação: "Não gosto desta música. Foi feita em 1930, sobre o momento político brasileiro, onde os partidos se aposentavam e se desfaziam porque não tinham roupa para aparecer."[136]

---

[133] Cf.: PACHECO, Jacy. *Noel Rosa e sua época.* Rio de Janeiro: G. A. Penna, 1955, p. 54.

[134] Depoimento prestado a Carlos Didier e João Máximo, obra citada, p. 116.

[135] Entrevista de Noel ao *Diário de Notícias,* Rio de Janeiro, 15 de fevereiro de 1931. Jacy Pacheco, ao escrever sobre o primo, realça os tons políticos do samba, mas diz ser "verdadeiro" o caso narrado pela mãe, "de que escondera a roupa de Noel, para retê-lo em casa". Cf.: PACHECO, *op. cit.,* p. 54.

[136] Entrevista de Noel à *Carioca,* Rio de Janeiro, 18 de julho de 1936.

Aperte o cinto, seu Jacinto, que o dinheiro sumiu (e o leiloeiro fugiu)

Quem dá mais?
Quem é que dá mais de um conto de réis?
(Quem dá mais? Quem dá mais?
Dou-lhe uma, dou-lhe duas, dou-lhe três!)

Quanto é que vai ganhar o leiloeiro
Que é também brasileiro
E em três lotes vendeu o Brasil inteiro?
Quem dá mais?

(Noel Rosa, "Quem Dá Mais?")

Seria exagero nosso dar crédito a essas leituras, por assim dizer, mais "politizadas" da obra de Noel Rosa? Advertimos desde já que o presente ensaio não pretende conferir ao poeta-cronista nenhum selo ideológico mais definido, visto que seu preceito filosófico básico – para não dizer sua *estratégia* central na vida – era tão somente *troçar, troçar, troçar*... Em contrapartida, não hesitamos em associá-lo a uma larga tradição jocosa e satírica de nossas letras, também presente na música popular, cuja origem remonta às célebres cantigas de escárnio e maldizer do cancioneiro medieval português. A opção pelo humor, de inegável apelo popular, tem sido uma arma letal na valorosa missão de lutar contra o rei, desnudando com versos e frases espirituosas o discurso lacunar dos poderosos.

É claro que essa tecla não passou em branco nas biografias e estudos escritos sobre o Poeta. O mais taxativo a respeito foi Jacy Pacheco, autor de um livro cuja credibilidade até hoje se discute, já que se pauta em suas impressões bem subjetivas sobre o primo e numa única fonte familiar (Hélio Rosa, o irmão do compositor). Além da admiração ilimitada por Noel, o autor tampouco dissimula sua simpatia pela causa socialista, que talvez se explique por sua própria condição social (era um simples bancário de vencimentos tão minguados quanto o salário que seu pai – "escravo do capitalismo inglês" – recebera trabalhando anos a fio na Estrada de Ferro Leopoldina). Assim, Jacy nos retrata o menestrel como figura de claro discernimento político, que não ignorava os princípios da ideologia proletária nem tampouco os conselhos dos amigos socialistas para que compusesse sambas "de fundo social", que falassem "a linguagem do povo", exprimindo "seus sofrimentos e prazeres". Afinal de contas, a fábrica de tecidos estava ali, *desafiando sua inspiração*: por que não cantar a bela operária que *sem meias vai pro trabalho*, aturando o assédio e as ordens do *gerente impertinente*, como faria o samba "Três Apitos"?[137]

Henrique Foréis Domingues, o *Almirante*, líder daquela turma de jovens músicos de classe média que forma o grupo *Flor do Tempo* (que logo se converteria no *Bando de Tangarás*), refuta com veemência o relato de Pacheco. Autor de uma das biografias mais conhecidas do Poeta da Vila, com quem ele próprio conviveu durante a efêmera trajetória artística de Noel, Almirante publicou durante anos na imprensa carioca uma coluna denominada "No Tempo de Noel Rosa", o mesmo título do livro que ele lançou em 1962. Com sólida carreira no meio radiofônico, que lhe emprestaria o epíteto de "A Maior Patente do Rádio"[138], o ex-*tangará* era de fato uma autêntica "enciclopédia" sobre o amigo, mas suas opiniões também não estão livres de um

137 Cf.: PACHECO, obra citada, p. 85.

138 Ver, a respeito: CABRAL, Sérgio. *No tempo de Almirante: uma história do rádio e da MPB*. Rio de Janeiro: Francisco Alves, 1990, pp. 197-208.

certo crivo ideológico, em face do perfil mais conservador e formal que possuía. Por isso, a simples sugestão de primo Jacy acerca de uma eventual tendência "comunista" do folgazão Noel suscita-lhe uma fervorosa indignação, que, felizmente, só redundou em uma benfazeja consequência: a finalização e publicação de sua biografia do ex-*tangará*, que sairia apenas sete anos depois do volume de Pacheco (editado em 1955).[139]

Mais comedidos, Carlos Didier e João Máximo não se pronunciam de forma definitiva sobre a questão, mas chamam a atenção do leitor para alguns detalhes da vida do cantor que nos permitem situá-lo bem distante daquele estereótipo do artista 'alienado' ou 'seduzido pelo poder'. Dado muito curioso a esse respeito foi sua estreita amizade com o dentista Joaquim Bruno de Moraes, que residia e atendia seus pacientes em uma casa vizinha ao chalé onde vivia a família Medeiros Rosa. Embora Noel, mesmo com os dentes estragados, sempre recusasse, por orgulho ou pavor, um tratamento com o amigo, os dois costumavam travar sérias conversações quando se encontravam. Quase 20 anos mais velho que Noel, *seu* Bruno era um discípulo convicto de Karl Marx e Allan Kardec, ou seja, mais um dos tantos marxistas espíritas que havia (e ainda há) por aqui. Ele fora líder sindical no interior paulista, onde convivera com os anarquistas italianos, duramente perseguidos pelas forças de repressão do Marechal Hermes. Agora estava

[139] O impacto da obra de Jacy sobre Almirante pode ser facilmente avaliado pelos comentários que o pesquisador faz no "Preâmbulo" de seu livro, como este que aqui se transcreve: "Muita inverdade divulgou-se sobre Noel e muita lenda veio crescendo em torno de seu nome. Já vi e ouvi atribuírem a Noel fatos que comprovadamente ocorreram com outras criaturas...". Cf.: ALMIRANTE. *Noel Rosa e sua época*. 2ª ed. Rio de Janeiro: Francisco Alves Editora, 1977, p. 13.

"refugiado" em Vila Isabel e, não obstante o fracasso da *Revolta Vermelha*[140] de 1935, não abdicara da causa comunista, divulgada em panfletos que pregavam a necessidade de uma revolução proletária no Brasil.[141]

Noel ouvia com atenção o amigo. Se não era, de fato, um teórico ou militante das questões sociais, tampouco se pode dizer que o Poeta ignorava as contradições e absurdos de sua terra. Usando o registro coloquial, não seria demais afirmar que "de bobo, Noel não tinha nada". E, sempre que pôde, tratou de *troçar* da estupidez e dos caprichos do poder, como faria em 1932, quando o governo federal impôs uma severa censura nas emissoras de rádio da Capital Federal, com o "receio pueril" de que os cariocas transmitissem mensagens aos revoltosos de São Paulo. Na Rádio Philips, o popular *Programa do Casé* recebia diariamente a visita do censor Brandão, que, segundo nos descreve Almirante, era um tipo "de atitudes sherloquianas, a exibir no cinto a coronha do revólver, sempre a fiscalizar os pacatos artistas, na esperança de descobrir nos olhares inclinações comprometedoras".[142] Pois o cantor não perdeu a chance de ironizar a bizarrice da figura, improvisando uma de suas famosas quadrinhas que o próprio censor ouviria com um riso amarelo: "Eu não falo de São Paulo / Sem tomar o meu xerex, / O censor aí do lado / Me levando pro xadrez"...

Nascido em plena *Belle Époque* e morto no ano em que Getúlio Vargas decretava o Estado Novo, Noel testemunhou

---

[140] Epíteto da insurreição que pretendia derrubar Vargas e realizar uma revolução nacional-popular no Brasil. O movimento foi organizado pela Aliança Nacional Libertadora (ANL) e dirigido por Luiz Carlos Prestes, que integrara as fileiras do tenentismo nos anos 1920 e se tornara líder do PCB.

[141] Cf.: DIDIER & MÁXIMO, obra citada, pp. 406-407.

[142] ALMIRANTE, obra citada, p. 97.

a decadência da política do "café com leite" (expressão com a qual se cunhara na República Velha o pacto liberal-oligárquico firmado pelos grandes proprietários rurais de São Paulo e Minas) e o ingresso do país numa etapa mais complexa de sua evolução capitalista, por meio da qual o Estado cria as condições básicas para a dita *modernização* técnica e industrial do secular espaço agromercantil. Como é praxe na história de qualquer país latino-americano, nada disso ocorre dissociado da crítica da conjuntura internacional da época. Em 1929, no intervalo entre as duas Grandes Guerras, registra-se a maior crise da "era do capital", emblematicamente traduzida na quebra (o *crack*, como diriam os ingleses) da Bolsa de Nova York. O episódio estremeceu os mercados pelo mundo e afetou não somente as economias centrais, mas também as periféricas, todas estas submetidas ao regime neocolonial da agroexportação. Com a queda dos preços, seus produtos, sobretudo o precioso café das fazendas paulistas e fluminenses, abarrotariam os armazéns e seriam queimados ao ar livre por centenas de produtores rurais. O acontecimento, por certo, não escapou à veia crítica do jovem compositor, que em samba de 1931 traça a seguinte estampa para o país:

(Campanha da boa vontade)

Viver alegre hoje é preciso,
Conserva sempre o teu sorriso,
Mesmo que a vida esteja feia
E que vivas na pirimba,
Passando a pirão de areia
[...]

Comparo o meu Brasil
A uma criança perdulária

Que anda sem vintém
Mas tem a mãe que é milionária
E que jurou, batendo o pé,
Que iremos à Europa
Num aterro de café.
(Nisto eu sempre tive fé)[143]

Com o sugestivo título de "Samba da Boa Vontade", a canção ironiza de modo nada sutil o discurso do grande malandro do Catete, que, a exemplo do que ocorreria no regime militar com a política econômica de Delfim Netto (que nos mandou "apertar o cinto" para depois "repartir o bolo"), exorta o povo ao sacrifício e pede, com o indefectível sorriso fotográfico, "boa vontade" a todos. Enquanto isso, as classes dominantes seguem gastando a esmo, mantendo a *pose* à custa do suor alheio (isto é, do povo trabalhador) e da "mãe milionária" (as riquezas da terra que elas entregam de mão beijada ao capital estrangeiro). O mesmo mote, aliás, seria retomado por Noel em um samba composto para o carnaval de 1933, dois anos após a famigerada *"campanha da boa vontade"*; é a marchinha "Seu Jacinto", cuja estrofe inicial retoma sem nenhum pudor a velha cantilena do *'cinto apertado'*, esse recorrente tormento dos trabalhadores brasileiros:

O que eu sinto e não consinto
É seu cinto se afrouxar
Seu Jacinto, aperta o cinto
Bota as calças no lugar
[...]

O seu Jacinto que é cheio de chiquê
Eu não sei dizer por quê

143 "Samba da Boa Vontade", de Noel Rosa, gravado originalmente por Noel, Braguinha e o Bando de Tangarás em 1931.

Dorme de cartola e fraque
Anda dizendo que o seu sonho dourado
É morrer esmigalhado
Por um carro Cadillac

Embora o público provavelmente visse nesse Jacinto a figura do brasileiro comum que devia "comprar feijão mas não tinha um só tostão", ele nos soa bem mais como uma bem-humorada caricatura da elite nacional, obcecada por preservar seu *status* depois da grave crise de 1929, não obstante o susto colossal que a quebra dos mercados lhe dera. Essa impressão preliminar torna-se ainda mais nítida nas estrofes finais do samba, tanto pelo tom quase surrealista com que ele descreve o Seu Jacinto ("que já arranca a sobrancelha e só bebe mel de abelha para ser um doce amor"), quanto pela sugestiva cena do "baile lá na casa da Thereza", um retrato sarcástico e picaresco desse mundo de simulacros tão típico de Bruzundanga: "Ela faz pano de mesa / Com o lençol que cobre a cama / Bota nos copos água usada na banheira / Depois diz à turma inteira/ Que é cerveja lá da Brahma..."

Note-se que o relato das tolas pretensões e artimanhas de Jacinto e Thereza é feito sempre na 3ª pessoa, sem que se possa acusar maior identidade afetiva do compositor com suas personagens. Em compensação, quando o Poeta trata de vocalizar as desventuras dos "descamisados", prevalece o uso da 1ª pessoa, recurso bastante evidente nas principais estrofes de "Com Que Roupa?" e ainda mais explícito nas letras de "Cordiais Saudações" e "O Orvalho Vem Caindo" – esta última, sem sombra de dúvida, uma verdadeira crônica da pindaíba tupiniquim:

O orvalho vem caindo,
Vai molhar o meu chapéu

E também vão sumindo
As estrelas lá do céu
Tenho passado tão mal
A minha cama é uma folha de jornal
Meu cortinado é um vasto céu de anil
E o meu despertador é o guarda civil
(Que o dinheiro ainda não viu!)

Refrão (bis)

A minha terra dá banana e aipim
Meu trabalho é achar quem descasque por mim
(Vivo triste mesmo assim!)

Refrão (bis)

A minha sopa não tem osso e nem tem sal
Se um dia passo bem, dois e três passo mal
(Isso é muito natural!)

O *cinto* do Seu Jacinto, afinal, era regulado segundo o figurino do usuário: frouxo e cômodo na cintura da elite, dolorido e apertado no bucho magro do povo. A moral da história, ao final, é sempre a mesma: enquanto o andar de cima leiloa o país para os sagazes mascates de além-mar, quem paga o pato ou a conta são as formigas operárias do subsolo, que não dormem de fraque nem cartola e só tomam sopa sem osso e sem sal. Noel, porém, era uma cigarra afinada, cuja viola nunca deixou de troçar desse leilão desatinado da pátria-mãe. Os lances se sucedem nos versos irreverentes de "Quem Dá Mais?", em que o pregoeiro oferece ao público três valiosos artigos de exportação: uma mulata (*que é diplomada em matéria de samba e de batucada*), um violão (*que toca em falsete* e *só não tem braço, fundo e cavalete*) e um samba (*feito nas regras da arte, sem introdução e sem segunda parte*), todos arrematados por um agiota que venderá o lote *pelo dobro no museu*. Aperta a tanga, Brasil, que o dinheiro já sumiu e o leiloeiro fanfarrão fugiu com a sua gorda comissão para algum paraíso (fiscal, é claro) do mundo neoliberalmente globalizado...

Cordiais saudações, caro amigo Chico

Meu caro amigo me perdoe, por favor
Se eu não lhe faço uma visita
Mas como agora apareceu um portador
Mando notícias nessa fita
Aqui na terra tão jogando futebol
Tem muito samba, muito choro e rock'n'roll
Uns dias chove, noutros dias bate sol
Mas o que eu quero é lhe dizer que a coisa aqui tá preta
Muita mutreta pra levar a situação
Que a gente vai levando de teimoso e de pirraça
E a gente vai tomando que, também, sem a cachaça
Ninguém segura esse rojão

Meu caro amigo eu não pretendo provocar
Nem atiçar suas saudades
Mas acontece que não posso me furtar
A lhe contar as novidades
Aqui na terra tão jogando futebol
Tem muito samba, muito choro e rock'n'roll
Uns dias chove, noutros dias bate sol
Mas o que eu quero é lhe dizer que a coisa aqui tá preta
É pirueta pra cavar o ganha-pão
Que a gente vai cavando só de birra, só de sarro
E a gente vai fumando que, também, sem um cigarro
Ninguém segura esse rojão

(Chico Buarque & Francis Hime, "Meu Caro Amigo")

Tal qual o sólido aterro de café que se esfumara no ar, tudo parece ser muito vertiginoso nesses anos de rearranjo burguês da jovem República de Bruzundanga, desde a ascensão de Getúlio Vargas, em 1930, e a chamada Revolução Constitucionalista de 1932, em São Paulo (província dos emergentes *capitães* de indústria e dos antigos *barões* do café, que amargavam sem açúcar a perda da sua hegemonia política), até a contundente instalação do Estado Novo em 1937. O eixo do poder, conforme já assinalamos em outro capítulo, sofreu um significativo giro desde que o paulista Washington Luiz decide romper o acordo com as oligarquias mineiras e insiste em impor o nome de Júlio Prestes como seu sucessor no pleito presidencial de 1930. A manobra custaria caro à elite bandeirante, derrotada pela articulação eficaz dos velhos *coronéis* das outras praças: da Paraíba até o Rio Grande do Sul, sem excluir a ressentida burguesia agropecuária das Minas Gerais, um "novo" pacto oligárquico se estabelece para conduzir o caudilho dos pampas à capital Federal, onde o gaúcho Gegê – vestido a caráter, de bombacha e chimarrão – iria amarrar, por quase três décadas, o seu alazão.

Curiosamente, sem abdicar da aliança com as elites regionais que sustentam o seu regime, Getúlio promove um processo autônomo de industrialização, subsidiado pelo capital acumulado pela própria burguesia agrária, o que confere notável impulso ao processo de desenvolvimento do capitalismo entre nós. Para isso, vale-se não só da criação das estatais e institutos (CSN, Petrobras, IAA, IBC etc.) que asseguram a centralização e expansão da produção após a década de 1930, como também de outros estratagemas de cunho social, como a implantação da CLT (que atende ao velho preceito fordista de regular as relações de trabalho no espaço fabril) e a sempre eficiente tática de cooptação do movimento sindical, habilmente promovida pelo Ministério do Trabalho getulista.

Noel sabia, como poucos, que por trás da aparente "revolução" se impunha, mais uma vez, a sábia máxima do escritor italiano Giuseppe Tomasi di Lampedusa, autor de *O Leopardo*, segundo o qual, *é preciso mudar para não mudar*... Não estávamos, de fato, tão distantes assim da aristocrática Sicília da segunda metade do século 19, em que o jovem Tancredi, sobrinho do príncipe de Salina, adverte seus pares sobre a fórmula mais adequada para superar a decadência da nobreza local. O Brasil também carecia de mudar, *para que tudo ficasse como estava*... A verdadeira Revolução, vista como um processo ininterrupto de profundas transformações políticas e socioeconômicas, que, em curto período de tempo, resulta em mudanças radicais da sociedade – e, em especial, "das relações econômicas e do equilíbrio recíproco das diferentes classes e categorias sociais"[144] – ainda era, infelizmente, uma realidade intangível para esta terra.

Consciente desse fato, o compositor torna-se um perfeito cronista das mazelas e virtudes da pátria-mãe, aquelas "coisas nossas" que ele enumera em uma pitoresca canção de 1932. Na galeria dos tipos noelinos, desfila desde o *malandro que não come* e mata a fome com o samba até *a menina que namora na esquina e no portão* ou *o rapaz casado com dez filhos e sem tostão*, sem esquecer a *morena bem bonita lá da roça* ou as típicas figuras do Rio urbano: baleiros e jornaleiros, agiotas e vigaristas, motorneiros e passageiros, além do próprio bonde *que parece uma carroça* (*coisa nossa, muito nossa*).[145] Mimetizando no plano estético a confusa conjuntura com que se abre a nova década,

[144] PRADO JR., Caio. *A revolução brasileira*. São Paulo: Brasiliense, 1987, p. 11.

[145] Cf.: "São Coisas Nossas", de Noel Rosa. Samba de 1932, gravado pelo autor no mesmo ano.

com uma profusão sem igual de "revoluções" (1930, 1932...), o samba de Noel brinca com uma miscelânea de signos (*morena, roça, carroça...*) que, não por mera coincidência, seriam atualizados pela Tropicália de Caetano, Gil e Tom Zé ao final dos anos de 1960 (*mulata, bossa, palhoça...*).

Enquanto os grandes nomes da nossa *intelligentsia* (Mário de Andrade, Gilberto Freyre, Sérgio Buarque de Holanda e outros) tentam decifrar o enigma da "identidade nacional" com obras fundamentais de nossas letras (*Macunaíma, Casa-grande & senzala, Raízes do Brasil* etc.), os *bambas* da música popular elaboram com sua arte um autêntico tratado de sociologia tupiniquim. Noel Rosa é o protótipo mor dessa espécie de poeta-cronista que, em duas ou três estrofes, desvela ao público as contradições e dilemas que afligem o Brasil num torvelinho de golpes e insurreições cujos verdadeiros motivos muitos sequer logram compreender. Ele se torna mestre no ofício de zombar dessas mudanças que não dizem ao que vieram, escarnecendo como pode das "reformas" cosméticas e superficiais que não implicam qualquer serventia prática às pessoas.

É o caso do novo horário de verão adotado no país (a "hora nova"), que, relembram os biógrafos, gera ampla perplexidade na população: "Marcam-se encontros por ponteiros diferentes, um chega cedo, o outro se atrasa. Negócios deixam de ser feitos, namoros são rompidos, o Brasil inteiro parece perguntar que horas são. Ou que governo é este."[146] Intrigado com a medida, Noel escreve um samba com aquele tom surrealista que o nosso *modernista* tanto prezava, burlando-se da balbúrdia com versos de brejeira ambiguidade:

---

[146] DIDIER & MÁXIMO, obra citada, p. 171.

Minha mulher
Sempre quer me dar pancada
Quando eu olho o mostrador
Do relógio da criada

Eu já danado
Com intriga e com trancinha
Arranquei hoje o cabelo
Do relógio da vizinha

Fiquem sabendo,
Os senhores e as senhoras,
Que o pai da minha pequena
Me manda embora às 10 horas

Mas a pequena,
Que é sabida e muito sonsa,
Com este pulo da hora
Já deu o pulo da onça[147]

Muitas outras letras poderiam ser transcritas nestas páginas, a fim de ilustrar a veia criativa de nosso poeta-cronista, mas basta-nos uma só para evidenciar a perenidade de sua obra: é o "samba epistolar" composto por Noel em 1931 ("Cordiais Saudações"), cujo título, em vez de aludir ao vocativo que habitualmente se emprega na abertura de uma carta familiar (como fazem Chico Buarque e Francis Hime em "Meu Caro Amigo"), prefere usar, com um quê de ironia, o próprio fecho protocolar da correspondência. Confira:

(Cordiais saudações...)
Estimo que este mal traçado samba
Em estilo rude,
Na intimidade

[147] "O Pulo da Hora" ("Que Horas São?"), de Noel Rosa. Samba de 1931, gravado no mesmo ano.

Vá te encontrar gozando saúde
Na mais completa felicidade
(Junto dos teus, confio em Deus)

Em vão te procurei,
Notícias tuas não encontrei,
Eu hoje sinto saudades
Daqueles dez mil-réis que eu te emprestei.
Beijinhos no cachorrinho,
Muitos abraços no passarinho,
Um chute na empregada
Porque já se acabou o meu carinho

A vida cá em casa
Está horrível
Ando empenhado
Nas mãos de um judeu.
O meu coração vive amargurado
Pois minha sogra ainda não morreu
(Tomou veneno, e quem pagou fui eu)

Sem mais, para acabar,
Um grande abraço queira aceitar
De alguém que está com fome
Atrás de algum convite pra jantar
Espero que notes bem:
Estou agora sem um vintém
Podendo, manda-me algum.
Rio, sete de setembro de trinta e um
(Responde que eu pago o selo...)

Do inevitável cotejo que se pode traçar entre as duas canções, há alguns aspectos dignos de nota, a começar pela sugestiva fórmula de "epístola musical"[148] que ambas assumem para se dirigir a seu destinatário: em vez das

[148] O duplo hibridismo (forma epistolar e natureza musical) não logra dissimular, nem tampouco invalidar esse tipo peculiar de crônica que alguns poetas-cronistas da MPB souberam explorar.

"mal traçadas linhas" da carta convencional, Noel escreve "em estilo rude" um *mal traçado samba*; Chico & Francis, por sua vez, mandam notícias em uma *fita* por um "portador", meio decerto mais seguro e eficaz naquela sinistra época em que a música havia sido composta.

Sim, os momentos políticos não são idênticos, mas ainda assim há paralelos interessantes entre os contextos de enunciação de cada obra. "Meu Caro Amigo" surge em 1976, quase meio século depois do samba de Noel, lançada em disco de título praticamente homônimo (*Meus Caros Amigos*) por Chico Buarque, decerto o mais expressivo menestrel dos anos bicudos do regime militar. A identidade do distante interlocutor, cujo nome não se explicita, desperta natural curiosidade: segundo alguns, seria o poeta e compositor Vinícius de Moraes, que, sem ser propriamente um exilado, passava então a maior parte do tempo na Europa, em excursões ao lado do violonista Toquinho, com quem gravou dois discos na Itália; outros reconhecem nele o saudoso dramaturgo Augusto Boal, que, após ser preso e torturado pela ditadura em 1971, viveria o resto da década longe do Brasil. Em meio aos malabarismos estilísticos que buscavam driblar os censores da ditadura e às frases protocolares de mero valor fático ("Aqui na terra tão jogando futebol / Tem muito samba, muito choro e rock'n roll / Uns dias chove, noutros dias bate sol"), a mensagem da fita era bastante direta: *a coisa aqui* estava *preta,* ou seja, a situação do país (não só sob o aspecto socioeconômico, mas sobretudo no plano político) tornara-se insustentável e só mesmo com muita *mutreta* ou *pirueta* era possível levar o barco e *cavar o ganha-pão.*

O jovem Rosa não carecia de malabarismos para esquivar-se da censura oficial, já que esta somente seria institucionalizada em 1939, dois anos após a morte de Noel, com a criação do DIP, cuja prioridade, aliás, não era a repressão, mas sim a propaganda.[149] Se não padece a etapa mais dura da era Vargas, ele não deixa de vivenciar, contudo, o clima de indefinição política que se instaura após a crise de 1929 – não apenas no Brasil, mas em boa parte da América Latina e nos demais continentes. Essa é a época do declínio da República de Weimar e de ascensão do nazismo na Alemanha, preâmbulo de outras terríveis aventuras totalitárias, como a investida das tropas fascistas do general Franco contra a República na Espanha. Por aqui, disputas acirradas entre frações das elites pelo controle do aparelho de Estado, responsável pela consolidação da nova etapa monopolista do capitalismo tropical. O sorriso de Gegê e o apelo do governo à boa vontade do povo não podem obliterar a penúria das classes populares e o seu precário poder aquisitivo.

Quem vestia a tanga, afinal, não era exatamente o Brasil, e sim o povo trabalhador destas plagas: a vida dentro de casa estava horrível e o amargurado cidadão – sem um vintém, com fome e sem jantar – andava, como de praxe, "empenhado nas mãos de um judeu". De qualquer forma, a julgar pela data da missiva (7 de setembro de 1931), quem assinava a carta era a própria pátria desvalida, em busca de quem a acudisse em sua dívida secular. Para segurar

[149] É notório o papel político-ideológico do Departamento de Imprensa e Propaganda. O órgão é um dos principais mecanismos de difusão da imagem protetora do Estado Novo, graças a um discurso que "enfatiza sobretudo o caráter não arbitrário do Estado, repudiando incessantemente a utilização dos métodos de força e violência." Cf.: VELLOSO, Mônica Pimenta. "Cultura e Poder Político: uma configuração do campo intelectual". In: OLIVEIRA, Lúcia Lippi *et alii*. *Estado Novo: Ideologia e Poder*. Rio de Janeiro: Zahar, 1982, p. 97.

esse rojão, só mesmo com uma cachaça e um cigarro, diria Chico 45 anos depois. Será que o missivista de 1976 não seria, afinal, o destinatário do poeta-cronista de 1931?

Setenta anos depois, onde está a honestidade?

Você tem palacete reluzente
Tem joias e criados à vontade
Sem ter nenhuma herança nem parente
Só anda de automóvel na cidade
E o povo já pergunta com maldade
Onde está a honestidade
Onde está a honestidade

O seu dinheiro nasce de repente
E embora não se saiba se é verdade
Você acha nas ruas diariamente
Anéis, dinheiro e até felicidade
E o povo já pergunta com maldade
Onde está a honestidade
Onde está a honestidade [...]

(Noel Rosa e Kid Pepe, "Onde está a honestidade")

Às vésperas do seu centenário de nascimento, se acaso ainda bordejasse pelos becos e botecos de Vila Isabel, Lapa e arredores, por certo não faltariam motivos ao *poeta-cronista* para renovar, com versos precisos e ferinos, a sua crítica à hipocrisia dos governantes e aos descalabros da cena política, econômica e social desta pátria-mãe invariavelmente subtraída nas tenebrosas transações de suas elites. Afinal de contas, o Poeta da Vila, que soube descrever como poucos a contraface daninha e insidiosa dos heróis "sem nenhum caráter" que a nossa história até hoje produz (essa gente a quem ele apelidou de "vassoura dos salões da sociedade / que varre o que encontrar / em sua frente" e que "promove festivais de caridade / em nome de qualquer defunto ausente"), também vivenciou uma época de sinuosa transição da vida pública nacional.

Transcorridas mais de sete décadas da morte do compositor, o povo já está mais do que escaldado com tantos malabarismos – e tantas maracutaias – que os bisnetos e tataranetos de Brás Cubas realizam para perpetuar-se nos salões palacianos de Bruzundanga. Pelas ruas, o gentio incrédulo e indignado não logra disfarçar o cansaço ao indagar, com dose extra de ceticismo e maldade, onde estaria a honestidade. Em realidade, nesta versão pós-moderna do velho Brasil excludente e oligárquico, o que nos diferencia da extravagante República composta pela pena impiedosa de Lima Barreto?

Tão fácil quanto nomear cargos de confiança naquela nação nada fictícia (em que decerto Brás Cubas prontamente ocuparia uma cadeira no Senado, Macunaíma seria chanceler vitalício e o Vadinho de *Dona Flor e seus dois maridos* assumiria sem nenhum esforço o Ministério do Trabalho) é reconhecer que, de fato, tudo "mudou para não mudar" no Brasil do século 21. Da economia à política, o que haveria de essencialmente *novo* entre nós, se até mesmo a balança comercial do país torna a depender das exportações de minérios e produtos agrícolas?[150] E quais seriam as *novas*

[150] Pesquisa recente da Associação de Comércio Exterior do Brasil (AEB) revela que, pela primeira vez desde 1978, quando os produtos manufaturados passaram a representar o maior percentual da pauta de exportações, as *commodities* agrícolas, metálicas ou energéticas (isto é, as matérias-primas não submetidas a processo industrial, tais como soja, minério de ferro e petróleo bruto) deverão ocupar o primeiro posto na balança comercial brasileira. Só no primeiro semestre de 2009, os pro-

virtudes dos "homens públicos" a quem cabe dirigir a máquina do Estado, ou dos "empresários" que se ocupam de administrar as riquezas ditas nacionais?

Para Noel, como para tantos outros cronistas que já nos deixaram, desde o pândego Aparício Torelly (o autoproclamado *Barão de Itararé*) até o irreverente Sérgio Porto (mais conhecido por "Stanislaw Ponte Preta"), o único item reciclado seriam os inumeráveis escândalos a que sua verve aludiria neste limiar de um velho-novo milênio. Abra os jornais, caro leitor, e escolha o seu mote... Em meio à crise, os banqueiros auferem lucros fabulosos e ainda sonegam milhões ao Tesouro público; denunciados pela Polícia Federal, todos eles escapam lépidos e faceiros, sob a chancela leniente e carinhosa do Judiciário, cujo supremo magistrado, o intocável Gilmar Mendes, assume, sem nenhum pejo, o posto de "novo Adão" da República, conforme expressou com rara felicidade o cronista Carlos Heitor Cony. O que diria Noel acerca dessas criaturas que volta e meia surgem na cena midiática tupiniquim, destacando-se pela "capacidade de dar palpites sobre qualquer assunto", revivendo aquela figura que, segundo reza a mitologia católica, a pedido do grande Criador terminou por "dar nome às árvores, às galinhas e às nuvens"?

Sim, amigo, nesta terra sugada e maltratada em que alguns milhares de parvos são agraciados com proventos "duplicados e triplicados" (afora os rendimentos extras "de outra e qualquer origem" mais que nebulosa), é praxe

dutos básicos constituíram 42% das remessas ao exterior, ao passo que os itens manufaturados atingiram 43,3% (de janeiro a junho de 2008, tais cifras haviam sido, respectivamente, 35,3 % e 48,5%). De acordo com os analistas, o novo perfil da pauta deixa o país mais exposto às oscilações do mercado global, além de desestimular os investimentos da indústria, que geram mais empregos que o setor primário. Cf.: "Novo perfil de exportações fragiliza país". *Folha de S. Paulo*, 12/7/2009, p. B5.

não só empregar um vistoso palavreado de quem promete operar milagres, como também pronunciar-se com uma desfaçatez de dar inveja a Brás Cubas sobre variados temas, em especial aqueles que não são de sua alçada. Nesse jeito bem Macunaíma de ser, dão pitecos acerca da vida pública e da privada, pontificando com furiosa prodigalidade sobre o alheio, sobretudo contra aqueles que se opõem ao regime do latifúndio e do grande capital.[151] E, para nossa indignação, seguem airosos ao longo de décadas, tropeçando, uma ou outra vez, em denúncias que parecem abalar a volúvel "opinião pública", para logo adiante ressurgirem das cinzas do último escândalo impávidos e colossais como no começo dos tempos.

Para enfrentá-los e, principalmente, desmascará-los, será sempre imprescindível, além da valorosa resistência dos movimentos sociais organizados, contar com a arte de menestréis e poetas-cronistas da estirpe de Noel Rosa. Se o bordão popular nos ensina que é nos momentos de perigo que se conhecem os seres humanos, não seria leviano afirmar que os maiores cronistas e humoristas despontam em meio aos períodos de aguda crise e inquietude social, quando se instaura o caos e a indecisão sobre os destinos

[151] Apesar da concorrência de Sarney e outros políticos, o caso do Presidente do STF é, sem dúvida, exemplar. Em 2008, ao rebater a divulgação pela Polícia Federal de dados relacionados à Operação Navalha, Mendes acusou a corporação de empregar métodos "fascistas" e de cometer "canalhice". Ele também inovou com o seu juridiquês, quando servia com fervor à dinastia de FHC: ao defender os interesses do governo, empregou termos como "manicômio judiciário", na luta pelo fim da greve nas universidades; "autismo dos juízes", na privatização do Banespa; e "censura prévia", ao sugerir que os ministros do STF não falassem mais em *off*. Sem esquecer, obviamente, sua recente cruzada raivosa contra o MST, que, por motivos óbvios, jamais receberá do novo Adão os mesmos "mimos" com que ele afaga o banqueiro Daniel Dantas e sua *tchurma*.

da vida nacional. Nesses instantes, carecemos não só de projetos e ideias revolucionárias que apontem uma alternativa viável para o povo, como também do talento e da criatividade dos nossos artistas, mesmo que estes, em caso de um eventual revés das forças populares, venham depois a padecer as penas do ostracismo e do esquecimento forçado que os donos da História costumam impor.

Este ensaio não poderia, pois, terminar sem render um tributo à atualidade de Noel. Ele também sofreu os gravames do olvido, sendo ignorado por cerca de dez anos após sua morte – que, com uma ponta de ironia, se deu às vésperas do Estado Novo, em maio de 1937, quando o Brasil oligárquico se dividia entre o fascismo e a causa democrática. Ao final da década de 1940, contudo, com o fim da Segunda Guerra e um tímido esboço de redemocratização do país,[152] seu espírito irreverente e criativo voltará a ser admirado pelo público, que "redescobre" encantado a obra fabulosa do Poeta da Vila. Esse "renascimento" do artista representa, em última instância, um índice cabal das transformações de nosso país: aquele Brasil caboclo que se embalava com as toadas sertanejas ao final dos anos 1920 começa a urbanizar-se por completo a partir de 1950, abrindo passagem para os mais diversos ritmos citadinos. Era, de fato, conforme nos descreveu José Ramos Tinho-

[152] Em dezembro de 1945, realizam-se eleições para a Assembleia Nacional Constituinte de 1946 e para a presidência da República, com a vitória do Marechal Eurico Gaspar Dutra (coligação PSD–PTB). O PCB participa do pleito, elegendo 15 deputados federais e um senador (Prestes), o segundo mais votado do país (Vargas seria o primeiro). O movimento operário se reanima, os sindicatos crescem, mas o regime logo mostra sua verdadeira face: Dutra suspende o direito de greve, cassa o registro do PCB e rompe relações com a URSS, alinhando-se definitivamente à política de guerra fria dos EUA, que passam a exercer uma crescente influência sobre a economia e a política nacional.

rão, a ascensão da nova classe média ao primeiro plano da vida pública brasileira, ansiando por mudanças que as elites desta nossa Bruzundanga até hoje tentam postergar.

O próprio artista já prenunciara esse processo em sua prodigiosa história musical, que se inicia ao som de emboladas como "Minha Viola", em 1929, e conclui-se precocemente em 1937, sob o signo dos mais harmoniosos sambas que o ambiente urbano lograra criar (que o diga essa joia intitulada "Pra Que Mentir?", lapidada a quatro mãos por Vadico & Noel). Se o jovem *Bando de Tangarás* ainda acusa a influência dos *Turunas* pernambucanos sobre uma parcela expressiva da classe média carioca, outro sabor e sotaque assumirá a música que brota dos inúmeros interlúdios que o Poeta da Vila estabelece com os pares do *morro* e da *cidade*, desde Cartola e Ismael até Vadico, Lamartine e Braguinha. Criminalizado pelas elites no limiar do século 20, o samba finalmente encontra seu espaço nos salões da Capital, deixando de ser o batuque dos escravos para converter-se em verdadeiro ícone da identidade nacional: *tudo aquilo que o malandro pronunciava com voz macia era agora brasileiro e havia muito já passara de português...*

Não há dúvida de que o poeta-cronista Noel é o grande arauto dessa transição, registrando em sua obra essa faceta singular da "modernização" de Bruzundanga, que, sob a senha da *mudança*, trata apenas de retocar a sólida estrutura de poder forjada desde a antiga ordem colonial. Por sortilégio dos deuses, coube a ele cumprir uma passagem mui efêmera no reino deste mundo, nas dobras de uma época de intensa turbulência política, econômica e cultural, entre o fim da *Belle Époque* e a proclamação do Estado Novo. Sua arte, porém, não ficou restrita àqueles anos românticos da "era do rádio", nem tampouco sucumbiu às moendas eletrônicas da TV em pleno império pós-moderno da *sociedade do espetáculo*. Como foi possível tal proeza? Creio que somente um grande poeta como Drummond pode explicar-nos a grandeza de Noel, que se recusou a ser o cantor de um mundo caduco, considerando sempre "a enorme realidade" em suas canções e fazendo sempre do *tempo presente*, dos *homens presentes* e da própria *vida presente* a sua matéria.

Assim, ele mostrou-nos com engenho e arte a nudez de Bruzundanga, indagando-nos sob um sorriso amargo "com que roupa" iríamos ao baile do novo regime, enquanto o povo seguia na pindaíba, a comer pirão de areia... Com o mesmo espelho de Macunaíma, ele nos refletiu a "criança perdulária que anda sem vintém", mas tem mãe milionária e jura que vai à Europa num aterro de café. E fez de *seu* Jacinto uma versão melodiosa do "herói sem nenhum caráter", que dormia de cartola e fraque e sonhava morrer atropelado por um Cadilac, mandando-o apertar o cinto (como apregoava Getúlio e, décadas mais tarde, o rotundo Delfim) para colaborar com o regime. Noel recriou, com o condão do samba, o mesmo Brasil e a mesma Bahia de Gregório de Matos, que um dia fora rico e abundante, mas agora se via pobre e empenhado nas mãos dos mascates de além-mar: sem vintém, mas sempre pronto a pedir emprestado. Não se esqueceu porém de registrar a desfaçatez e a corrupção dos grandes leiloeiros do país, cujo dinheiro "nasce de repente", rendendo-lhes palacetes reluzentes, joias e criados à vontade. Ele talvez não soubesse, mas ao cantar esse *Brasil de tanga* – e com *capote de algodão* – terminou por aquecer eternamente o coração de todos que sonham em despertar do seu sono esplêndido a nossa pátria-mãe sempre tão distraída e subtraída em sinistras transações.

Cordiais saudações, saudoso Poeta! E um feliz Centenário em 2010...

Vila Isabel, fevereiro-julho de 2009.

APÊNDICE

JOÃO MÁXIMO e CARLOS DIDIER
NOEL ROSA
uma biografia
Linha Gráfica Editora
EDITORA
UnB

BIBLIOGRAFIA COMENTADA

Alguns títulos e escritores recomendados pelo autor deste ensaio a todos aqueles que se dedicam ao estudo da obra de Noel Rosa e à própria MPB

I - Biografias de Noel Rosa

1. ALMIRANTE. *No tempo de Noel Rosa.* São Paulo: Francisco Alves, 1963. [2ª edição. Rio de Janeiro: Francisco Alves, 1977.]

Biografia escrita pelo líder dos *Tangarás*, servindo-se do amplo arquivo reunido pelo autor, que, além de ser músico e compositor, também exerceu papel de destaque na história radiofônica do país. Apesar do estilo mais formal, o livro está repleto de episódios pitorescos da vida do artista e traz inúmeras informações sobre o ambiente cultural da época. *Não há edição disponível na praça.*

2. DIDIER, Carlos & MÁXIMO, João. *Noel Rosa: uma biografia.* Brasília: Editora UnB / Linha Gráfica Editora, 1990.

Texto de referência nos estudos biográficos sobre Noel, a obra é fruto de anos de pesquisa dos dois autores, com farta documentação iconográfica e material, além de depoimentos únicos de amigos e artistas da época, recolhidos ao longo de numerosas entrevistas realizadas por Didier & Máximo. Escrita de maneira clara e agradável, é leitura imprescindível para qualquer admirador de Noel. *Edição esgotada, sem relançamento previsto.*

3. PACHECO, Jacy. *Noel Rosa e sua época.* Rio de Janeiro: G. A. Penna, 1955.

Uma das mais curiosas e controversas obras sobre Noel. Primo e admirador confesso do Poeta, o autor não só idealiza certos episódios de sua vida, como ainda lhes confere, por vezes, uma leitura mais politizada, por conta de sua franca adesão ao socialismo. *Não há edição disponível na praça.*

4. *Noel Rosa.* Coleção *Nova História da Música Popular Brasileira.* São Paulo: Abril Cultural, 1970. [2ª ed. São Paulo: Abril Cultural, 1976.]

Fascículo com súmula biográfica de Noel (baseada, em parte, no livro de Almirante), acompanhado de LP 10", em que aparecem gravações clássicas dos sucessos do artista: "Conversa de Botequim" (Moreira da Silva), "Feitio de Oração" (Francisco Alves), "Palpite Infeliz" (Aracy de Almeida), "Três Apitos" (Maria Bethânia) e outras. *Coleção esgotada, sem relançamento previsto.*

II. Outras obras biográficas sobre artistas contemporâneos de Noel

5. CABRAL, Sérgio. *No tempo de Almirante: uma história do rádio e da MPB.* Rio de Janeiro: Francisco Alves, 1990.

6. *Donga e os primitivos.* Coleção *Nova História da Música Popular Brasileira.* São Paulo: Abril Cultural, 1970. [2ª ed. São Paulo: Abril Cultural, 1978.]

7. *Ismael Silva.* Coleção *Nova História da Música Popular Brasileira.* São Paulo: Abril Cultural, 1970. [2ª ed. São Paulo: Abril Cultural, 1977.]

8. *João de Barro / Alberto Ribeiro.* Coleção *Nova História da Música Popular Brasileira.* São Paulo: Abril Cultural, 1970. [2ª ed. São Paulo: Abril Cultural, 1978.]

9. *Lamartine Babo.* Coleção *Nova História da Música Popular Brasileira.* São Paulo: Abril Cultural, 1970. [2ª ed. São Paulo: Abril Cultural, 1976.]

10. *Pixinguinha.* Coleção *Nova História da Música Popular Brasileira.* São Paulo: Abril Cultural, 1970. [2ª ed. São Paulo: Abril Cultural, 1976.]

11. *Sinhô.* Coleção *Nova História da Música Popular Brasileira.* São Paulo: Abril Cultural, 1970. [2ª ed. São Paulo: Abril Cultural, 1977.]

12. *Wilson Batista.* Coleção *Nova História da Música Popular Brasileira.* São Paulo: Abril Cultural, 1970. [2ª ed. São Paulo: Abril Cultural, 1978.]

III. Artigos e estudos sobre Música Popular Brasileira

13. FISCHER, Luís Augusto. "Nobreza do Samba". *In*: *Folha de São Paulo*, Caderno *Mais!*, 5 de julho de 2009, pp. 4-5.

14. GONÇALVES, Marcos Augusto. "Canto Para Quem?" *In*: *Folha de São Paulo*, Caderno *Mais!*, 5 de julho de 2009, pp. 4-5.

15. KAZ, Leonel (editor). *Brasil, rito e ritmo: um século de música*. Rio de Janeiro: Aprazível Edições, 2006.

Retrospectiva ilustrada da história da música popular brasileira no século 20, com ensaios escritos por Ricardo Cravo Albin, João Máximo, Tárik de Souza e Luís Paulo Horta.

16. MOBY, Alberto. *Sinal fechado: a música popular brasileira sob censura*. Rio de Janeiro: Obra Aberta, 1994. [2ª ed. Rio de Janeiro: Apicuri, 2008.]

Excelente estudo comparativo entre dois momentos de censura à criação musical no país: o Estado Novo (1937-1945) e a fase mais repressiva da ditadura militar (1969-1978). Enquanto aquele, mais "persuasivo", buscava cooptar os artistas, este reprimiu abertamente, sem qualquer sutileza.

17. SAROLDI, Luiz Carlos. "O Rádio e a Música". *In*: *Revista USP*, nº 56. São Paulo: USP, dezembro/fevereiro 2002-2003.

18. TINHORÃO, José Ramos. "A importância de ser Noel". In: *Noel Rosa*. Coleção *Nova História da Música Popular Brasileira*. 2ª ed. São Paulo: Abril Cultural, 1976.

19. ________. "Menino Noel Rosa e Meninos da Bossa Nova: Um Paralelo". *In*: *Música Popular: um tema em debate*. 3ª ed. São Paulo: Editora 34, 1997, pp. 44-47.

Texto à feição do rigoroso e polêmico estudioso da MPB, em que o autor associa a obra de Noel Rosa à emersão da classe média na cena cultural do Rio de Janeiro, processo análogo àquele que, duas décadas mais tarde, resultaria na criação da chamada *bossa nova* pelos 'meninos' da Zona Sul.

Títulos de outras áreas do conhecimento que subsidiaram o presente ensaio

IV. Obras de referência da literatura brasileira

20. ANDRADE, Carlos Drummond de. *Sentimento do mundo. In*: *Poesia e prosa*. Rio de Janeiro: Nova Aguilar, 1983.

Livro publicado em um ano conturbado da vida mundial (1940), trazendo alguns dos textos mais contundentes do autor, em que a renovação da linguagem se associa a um inequívoco compromisso social, como atesta o poema "De Mãos Dadas", citado em nosso ensaio.

21. ANDRADE, Mário de. *Amar, verbo intransitivo.* São Paulo: Círculo do Livro, [s/d].

Obra menos conhecida, porém fundamental, em que Mário nos descreve a transferência de uma família da burguesia agropecuária paulista para a metrópole, uma espécie de metáfora da singular metamorfose socioespacial que o país vive nas primeiras décadas do século 20.

22. ________. *Macunaíma: o herói sem nenhum caráter.* 22ª ed. Belo Horizonte: Editora Itatiaia, 1986.

Texto antológico do mestre da geração de 22, em que, sob distintos *estilos* narrativos (seja o épico-lírico da lenda, o cômico da crônica ou o paródico), o autor especula sobre o mote da identidade nacional, mesclando as fontes indígenas, negras e brancas de nossa formação.

23. BANDEIRA, Manuel. *Libertinagem. In*: *Poesia completa e prosa*. Rio de Janeiro: Nova Aguilar, 1983.

Primeiro livro do autor, em que desde logo se delimitam seus principais traços estéticos, como a liberdade rítmica e formal, além da mescla original de lirismo e brasilidade, patentes nos versos de poemas como "Poética", que ilustram algumas observações feitas na presente obra.

24. BARRETO, Afonso Henriques de Lima. *Os Bruzundangas. In*: *Prosa seleta.* Rio de Janeiro: Nova Aguilar, 2001.

Obra de cunho satírico, em que o narrador descreve uma república imaginária vizinha ao Brasil e cuja formação socioespacial e cultural é quase idêntica à nossa. Texto chave para a compreensão de algumas alegorias deste ensaio.

25. ________. "Problema Vital". *In*: *Crônicas escolhidas*. São Paulo: Ática, 1995, pp. 30-31.

26. GUERRA, Gregório de Matos. *Poemas escolhidos*. São Paulo: Círculo do Livro [s/d].

Preciosa edição em que se reúne a poesia satírica, sacra e lírico-amorosa do autor, decerto o maior poeta da era colonial brasileira, cujos versos espirituosos e ferinos lhe renderam o famoso apelido de *Boca do Inferno*.

27. MACHADO DE ASSIS, Joaquim Maria de. *Memórias póstumas de Brás Cubas*. *In*: *Obra completa*, vol. I. 4ª ed. Rio de Janeiro: Nova Aguilar, 1979.

Texto clássico da nossa prosa de ficção, em que o autor mimetiza a contradição essencial das elites nacionais (discurso liberal x práxis autoritária) por meio da figura caprichosa e cínica de Brás Cubas, o célebre "defunto autor" que nos recapitula sua vida a partir da própria morte.

V. Textos sobre cultura e literatura brasileira e latino-americana

28. BARBOSA, Francisco de Assis. *A vida de Lima Barreto*. Coleção "Clássicos Literários", vol. 5. Rio de Janeiro: Editora Brasil-América, [s/d].

29. BOSI, Alfredo. *História concisa da literatura brasileira*. 3ª ed. São Paulo: Cultrix, 1983.

30. CAMINHA, Pêro Vaz de. *Carta a El-Rey Dom Manuel*. Versão moderna de Rubem Braga. Rio de Janeiro: Record, 1981.

31. DAMATTA, Roberto. *Carnavais, malandros e heróis: para uma sociologia do dilema brasileiro*. 5ª ed. Rio de Janeiro: Editora Guanabara, 1990.

32. GARCÍA CANCLINI, Néstor. *Culturas híbridas*. São Paulo: EDUSP, 2006.

33. LEITÃO, L. R. "Brasil y Argentina: dos experiencias periféricas de modernidad". La Habana: *Casa de Las Américas*, nº 207, 1997, pp. 120-123.

34. ________. *Leonor e a modernidade: o urbano e o agrário na experiência periférica*. Rio de Janeiro: System Three, 1992.

35. ________. *Lima Barreto: o rebelde imprescindível*. São Paulo: Expressão Popular, 2006.

36. ________. *O campo e a cidade na literatura brasileira*. Veranópolis: ITERRA, 2007.

37. NUNES, Benedito. *O tempo na narrativa*. São Paulo: Ática, 1988.

38. RAMA, Ángel. *A cidade das letras*. São Paulo: Brasiliense, 1985.

39. SARLO, Beatriz. *Una modernidad periférica: Buenos Aires 1920 y 1930*. Buenos Aires: Nueva Visión, 1988.

40. SEVCENKO, Nicolau. *Literatura como missão: tensões sociais e criação cultural na Primeira República*. São Paulo, Brasiliense, 1983.

41. VESPÚCIO, Américo. "O Novo Mundo". *In*: *Novo mundo: cartas de viagens e descobertas*. 2ª ed. Porto Alegre: L&PM, 1987.

V. Textos sobre formação socioeconômica e história do Brasil e das Américas

42. CAVALCANTE, Paulo. *Negócios de trapaça: caminhos e descaminhos na América Portuguesa (1700-1750)*. Hucitec / Fapesp, São Paulo, 2006.

43. FREYRE, Gilberto. *Casa grande & senzala*. São Paulo: Círculo do Livro [s/d].

44. FURTADO, Celso. *Formação econômica do Brasil*. Rio de Janeiro: Fundo de Cultura, 1959.

45. HOBSBAWM, Eric. *A era dos extremos: o breve século XX (1914-1991)*. São Paulo: Companhia das Letras, 1995.

46. HOLANDA, Sérgio Buarque de. *Raízes do Brasil*. 21ª ed. Rio de Janeiro: José Olympio, 1990.

47. PRADO JR., Caio. *A evolução política do Brasil*. 10ª ed. São Paulo: Brasiliense, 1977.

48. ________. *A revolução brasileira*. 6ª ed. São Paulo: Brasiliense, 1978.

49. RIBEIRO, Darcy. *O povo brasileiro: a formação e o sentido do Brasil*. 2ª ed. São Paulo: Companhia das Letras, 2001.

50. ROMERO, José Luis. *Latinoamérica: las ciudades y las ideas*. 4ª ed. Buenos Aires: Siglo Veintiuno Editores, 1986.

DISCOGRAFIA BÁSICA

Relação de títulos em CD disponíveis em catálogo nos selos especializados

1. *Ases do Samba.* Mário Reis & Francisco Alves. *Revivendo #* 7896423101683 (reedição do CD 043 – *Duplas de Bambas,* editado pelo mesmo selo em 1993).

Antologia de clássicos da MPB gravados nos anos 1930 por Mário, o "Bacharel do Samba", e Chico Alves, o "Rei da Voz", com alguns sucessos de Ismael Silva, Lamartine, Cartola e Noel ("Estamos esperando", "Fita Amarela", "Tudo que você diz" e outras).

2. *Enciclopédia Musical Brasileira – Noel Rosa por Noel Rosa e Sinhô por Mário Reis.* Noel Rosa, Sinhô & Mário Reis. *Warner Music Brasil #* 857381718-2, 2000.

Compilação de títulos das gravadoras Continental e EMI, em que o próprio Noel interpreta alguns de seus maiores clássicos, tais como "Gago apaixonado" e "São coisas nossas".

3. *Nélson Gonçalves canta Noel Rosa e Herivelto Martins. Revivendo #* RVCD 225.

Seleção de sucessos de Herivelto e Noel interpretados pelo famoso cantor, incluindo canções como "Com que roupa?", "Feitiço da Vila", "Palpite infeliz" e "Último desejo".

4. *Noel pela primeira vez.* Caixa com 14 discos e libreto. *Velas #* 32591 2000682, 2000.

Exaustiva compilação realizada por um biólogo paulistano, que reuniu em 14 discos 229 canções de Noel, após delicado trabalho de restauração de inúmeros fonogramas. Há registros radiofônicos de obras do compositor que nunca haviam sido gravadas.

5. *Noel Rosa por Aracy de Almeida & Mário Reis. Revivendo #* RVCD 027, 1993.

Outra coletânea com várias obras-primas de Noel ("Filosofia", "Mulato Bamba", "Último desejo", "X do problema" e outras), nas vozes de dois de seus maiores intérpretes.

Outros títulos lançados em CD sem disponibilidade assegurada

6. *Coisas Nossas*. Noel Rosa. *Leblon Records* # LB 060, 1996.

7. *Coisas Nossas*. Noel Rosa. *Revivendo* # RVCD 106, 1995.

8. *Feitiço da Vila*. Noel Rosa. *Revivendo* # RVCD 052, 1994.

Coletânea de canções do Poeta da Vila, na voz de grandes nomes da MPB, como Aracy de Almeida ("Só pode ser você"), Orlando Silva ("Feitiço da Vila") e Sylvio Caldas ("Pra que mentir").

9. *Filosofia – Sobre as Músicas de Chico Buarque e Noel Rosa*. Zé Renato. *MPB* # 325912003262, 2000.

10. *Inédito e Desconhecido / Vadico*. Noel Rosa & Vadico. *Eldorado* # 924041, 1995.

11. *Letra & Música Noel Rosa*. Johnny Alf & Leandro Braga. *Lumiar Discos* # LD 05/97, 1997.

12. *No tempo de Noel Rosa. BMG* # 828766412925.

Versão remasterizada do álbum gravado em vinil com várias músicas de Noel Rosa apresentadas no programa homônimo que Almirante produziu em 1951. Há gravações de Aracy de Almeida, Marília Batista e Orlando Silva, além do próprio Almirante e Noel. *Título recentemente esgotado.*

13. *Que Se Dane*. Noel Rosa. *Revivendo* # RVCD 139, 1999.

14. *Sem Tostão II... A Crise Continua – Canções de Noel Rosa*. Cristina Buarque & Henrique Cazes. *Kuarup* # KCD 153, 2001.

15. *Songbook Noel Rosa*. Noel Rosa. *Lumiar Discos* # 107127, 1991.

16. *Viva Noel – Tributo a Noel Rosa*. Ivan Lins / Noel Rosa. *Velas* # 11-V230, 1997.

Alguns discos em vinil dignos de registro

17. *Feitiço Carioca: do MPB 4 para Noel Rosa*. MPB 4 & Noel Rosa. *Continental* # 10104322, 1987.

Belas interpretações vocais para clássicos de Noel, como "Pierrot apaixonado", "Não tem tradução", "Quem dá mais", "Com que roupa?", "Filosofia", "Feitio de oração" e outras. A capa e encarte interno trazem ainda divertidas ilustrações de Nássara & Marco.

18. *História Musical de Noel Rosa*. Marília Batista & Noel Rosa. *Nilser* # NS 1011, 1963.

19. *Noel Rosa*. Aracy de Almeida. *Continental* # LPP 10, 1955.

Antologia póstuma em homenagem ao compositor, cuja intérprete foi a fiel amiga Aracy de Almeida. Destaque para a preciosa ilustração de capa, a cargo do pintor Di Cavalcanti.

20. *Polêmica – Noel Rosa x Wilson Batista*. Francisco Egydio & Roberto Paiva. *Odeon* # MODB 3033, 1956.

Seleção das canções compostas pelos dois *bambas* durante a célebre polêmica que protagonizaram.

21. *Wilson, Geraldo, Noel*. João Nogueira. *Polydor* # 2451-170, 1981.

Clássicos dos três *bambas* do samba, interpretados pelo saudoso sambista carioca (1941-2000).

REFERÊNCIAS EM CINEMA & VÍDEO

I. Filmes sobre Noel Rosa

1. *Noel – Poeta da Vila.* Longa-metragem de 2006, em cores, dirigido por Ricardo Van Steen. Elenco: Rafael Raposo (*Noel*), Camila Pitanga (*Ceci*), Lidiane Borges (*Lindaura*), Paulo César Pereio (*médico*), Flávio Bauraqui (*Ismael Silva*), Supla (*Mário Lago*), Carol Bezerra (*Aracy de Almeida*) e outros. *Já disponível em vídeo.*

2. *Noel por Noel.* Curta-metragem (21 minutos) de 1981, em cores, com produção, roteiro e direção de Rogério Sganzerla e narração de Grande Otelo.

3. *Cordiais Saudações.* Curta-metragem (11 minutos) de 1968, em preto & branco, com produção, roteiro e direção de Gilberto Santeiro.

II. Filmes com canções de Noel Rosa

4. *Alô, alô, Carnaval.* Longa-metragem de 1936, em preto & branco, dirigido por Ademar Gonzaga, com roteiro de João de Barro & Alberto Ribeiro e produção de Wallace Downey. Elenco: Oscarito, Jorge Murad, Barbosa Júnior, Jayme Costa, Cordélia Ferreira e outros. Números musicais de Francisco Alves, Mário Reis, Lamartine Babo, Linda e Dircinha Batista, Carmem e Aurora Miranda, Almirante e outros. Há duas canções do Poeta: "Pierrô Apaixonado" (Noel & Heitor dos Prazeres) e "Não Resta a Menor Dúvida" (Noel & Hervê Cordovil).

5. *Cidade Mulher.* Longa de 1936, dirigido por Humberto Mauro e produzido por Carmem Santos. Elenco: Jaime Costa, Mário e Ilka Salaberry, Aída Pongetti, Lola Silva, Aída Conceição e outros. Apresentações de Assis Valente, Bibi Ferreira, Orlando Silva e outros. Canções: "Morena Sereia" e "Na Bahia" (com José Maria

de Abreu), "Tarzan, o Filho do Alfaiate" (com Vadico), "Cidade Mulher", "Dama do Cabaré" e "Numa Noite à Beira-mar".

III. Vídeos disponíveis na rede cibernética (consulta feita em agosto de 2009)

6. *De Minas a Noel.* Vídeo de abertura de uma série baseada no documentário produzido sobre o Poeta por Tauil em 1987. Cf.: www.youtube.com/watch?v=FBI3bVG6IMI

7. *De Minas a Noel – 2.* Ruy Faria é o primeiro entrevistado da série dedicada a Noel. Cf.: www.youtube.com/watch?v=BJWXXr-KeVw

8. *De Minas a Noel – 3.* Depoimento de Chico Buarque sobre o músico que faz parte de sua "memória afetiva". Cf.: www.youtube.com/watch?v=6jk_ZTtk8G8

9. *De Minas a Noel – parte 4.* O pianista Alcyr Pires Vermelho, contemporâneo de Noel, presta seu depoimento sobre o artista. Cf.: www.youtube.com/watch?v=xj72wH6ubQY

10. *De Minas a Noel – parte 5.* Amplo testemunho de Braguinha sobre o parceiro da Vila. Cf.: www.youtube.com/watch?v=sVFigQR-H6M

11. *De Noel Rosa a Orestes Barbosa.* Entrevista de Carlos Didier a Suzana Vargas, em vídeo postado pelo próprio entrevistado. Cf.: www.youtube.com/watch?v=-PKTD8RZOSs

12. *Noel e os Tangarás.* Raríssima aparição do próprio Noel Rosa, ao lado dos parceiros do célebre *Bando de Tangarás.* Cf.: www.youtube.com/watch?v=26GAxh6_aKI

13. *Noel Rosa.* Documentário postado pela *musikavideosI*, com narração de Hermínio Belo de Carvalho. Cf.: http://www.youtube.com/watch?v=LP7rAkNri1k

14. *Noel Rosa – "Com que roupa?"* Vídeo de Fellipe Valentim, com uma súmula da vida do artista. Cf.: www.youtube.com/watch?v=rETSGoLBjjk

15. *Noel Rosa – "Gago apaixonado".* Um dos inúmeros vídeos postados na rede com interpretações originais de Noel. Cf.: www.youtube.com/watch?v=WqTqHFmMzKs

16. *O duelo entre Noel Rosa e Wilson Batista.* Vídeo postado por Douglas Passoni, com trechos das canções criadas pelos

dois *bambas* ao longo da célebre 'polêmica' musical que ambos travaram. Cf.: www.youtube.com/watch?v=dEvVQ-_KtU0

Há ainda inúmeras outras referências, sobretudo com interpretações das músicas de Noel, que o pesquisador cibernético poderá acessar em suas navegações virtuais.

NOTÍCIA SOBRE O AUTOR

Luiz Ricardo Leitão é escritor, tradutor, editor e professor adjunto da Universidade do Estado do Rio de Janeiro (UERJ). Licenciado em Português-Literaturas pela Faculdade de Letras da Universidade Federal do Rio de Janeiro (UFRJ), realizou Mestrado em Literatura Brasileira pela UERJ e obteve o título de Doutor em Ciências Filológicas (Literatura Latino-americana e Caribenha) pela Universidade de La Habana (Cuba), onde exerceu durante três anos o cargo de Professor Convidado de Literatura Brasileira. Escreve sobre temas sociais e culturais para diversas revistas e jornais latino-americanos. Possui inúmeros livros publicados, dentre os quais se destacam os ensaios *Leonor & a Modernidade: o urbano e o agrário na experiência periférica* (System Three, 1992) e *¿A dónde va la telenovela brasileña?* (Ciencias Sociales, 2001), um estudo sobre a evolução do gênero melodramático no Brasil, editado pelo Instituto Cubano do Livro. Em 2006 publicou *Lima Barreto: o rebelde imprescindível*, volume que integra a série "Viva o Povo Brasileiro", da Editora Expressão Popular, e mais recentemente reeditou a *Gramática Crítica: o culto e o coloquial no português brasileiro – Teoria & Prática* (Oficina do Autor, 2007), obra pioneira na busca de uma descrição rigorosa e atual da língua escrita adotada no Brasil. Em 2008, lançou pela Oficina do Autor Editora *Extranjeros: reflexões, crônicas e ficções de um brasileiro em Cuba no "Período Especial"*, reunindo breves ensaios e reminiscências acerca de sua experiência na ilha entre 1994 e 2004. Iniciou sua participação política como dirigente estudantil durante a luta de resistência contra a ditadura militar, tendo sido presidente do DCE Mário Prata / UFRJ (1981). Desde o final dos anos 1990 é um ativo colaborador dos movimentos sociais do campo e da cidade, ministrando cursos e oficinas de Literatura em vários centros de formação de trabalhadores existentes no país. Vila-isabelense de quatro costados e de coração azul & branco, também participa dos projetos educativos do G. R. E. S. Unidos de Vila Isabel.

Detalhe da estátua de Noel, no Largo do Maracanã,
entrada de Vila Isabel (arquivo do autor)

Noel, em 1916, com seis anos incompletos (reproduções autorizadas de *Noel Rosa: uma biografia*)

Noel em 1916, com seis anos incompletos (reproduções autorizadas de *Noel Rosa: uma biografia*)

Manuel e Martha de Medeiros Rosa, os pais

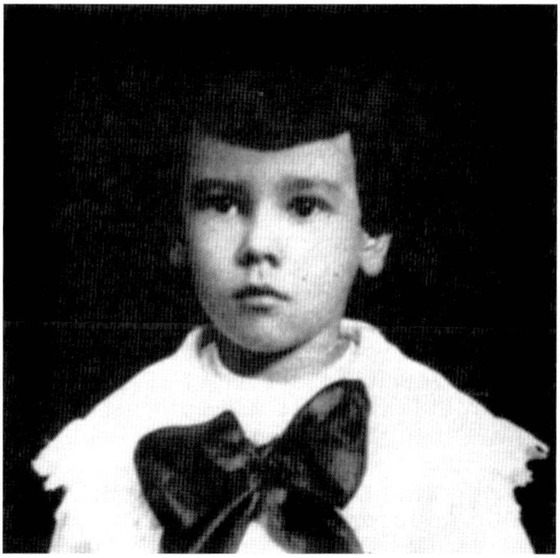

O irmão Hélio Rosa, ainda menino (reproduções autorizadas de *Noel Rosa: uma biografia*)

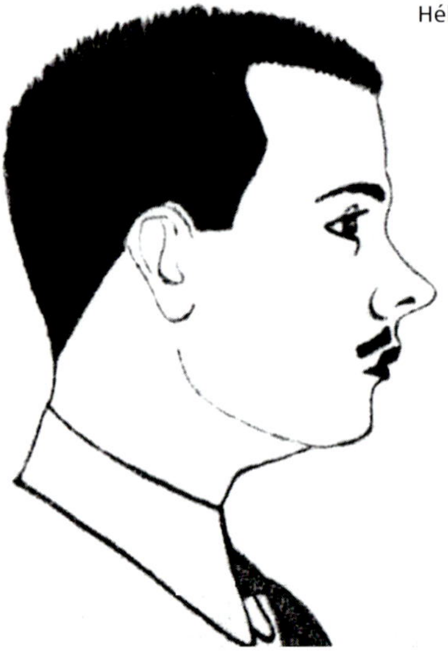

Hélio Rosa, em desenho de Noel

Noel por Noël, autocaricatura a guache (arquivo de João Baptista Figueiredo)

Eduardo Corrêa de Azevedo, o tio Eduardinho
(reproduções autorizadas de
Noel Rosa: uma biografia)

Noel, aos 15 anos

Noel Rosa, o Poeta da Vila, aos 21 anos incompletos
(arquivo de Jacy Pacheco)

Na excursão ao Sul, a bordo do Itaquera. Sentados, da esquerda para a direita, estão Peri Cunha, Mário Reis, Francisco Alves, Noel Rosa e Nonô (reprodução autorizada de *Noel Rosa: uma biografia*)

Os artistas do "Programa do Casé", com destaque para Noel e Pixinguinha (em pé, à esquerda) (Arquivo de Almirante)

Ceci, a célebre "Dama do Cabaré"
(reprodução autorizada de *Noel Rosa: uma biografia*)

O casamento com Lindaura, sob imposição da mãe, sogra e delegado... (reprodução autorizada de *Noel Rosa: uma biografia*)

Marília Batista, uma de suas maiores intérpretes, sob o olhar atento de Noel (reprodução autorizada de *Noel Rosa: uma biografia*)

Dona Martha, de luto, exibe o violão do filho (arquivo de Jacy Pacheco)

Aracy de Almeida, grande amiga e intérprete, deposita flores no túmulo de Noel (reprodução autorizada de *Noel Rosa: uma biografia*)

Capa de Di Cavalcanti para disco de 1955, em que Aracy de Almeida interpreta Noel

Ilustrações de Nássara & Marco para disco lançado em 1987 pelo MPB 4, com canções de Noel

Detalhe do busto de Noel,
no Boulevard 28 de Setembro,
próximo ao antigo *Ponto de Cem-Réis*
(fotos do arquivo do autor)

A antiga fábrica Confiança, onde hoje funciona um supermercado.
Seu diretor era o pai de Braguinha e o cenário inspirou o samba "Três Apitos",
que Noel dedicou à namorada Fina

O centenário de Noel Rosa é o grande enredo da Unidos de Vila Isabel em 2010

Populares e artistas celebram a inauguração do monumento a Noel na Praça Tobias Barreto, em Vila Isabel, pouco depois da morte do genial compositor (arquivo de Almirante)

Noel e os *bambas* de sua época: Madame Satã, Sinhô, Ismael Silva e Cartola (ilustração exclusiva de Maringoni para esta obra)

Dois bambas na periferia da modernidade: Noel Rosa & Lima Barreto, no traço sutil de Maringoni